YO-BUP-356

UN NOUVEL ART DU ROMAN

UN NOUVEL ART DU ROMAN

Techniques narratives et poésie romanesque dans Les Illustres Françaises de Robert Challe

Jacques Chupeau

PARADIGME

13, boulevard du Maréchal Juin
14000 CAEN

1993

© *PARADIGME*, Caen, 1993.

ISBN 2-86878-093-8

AVANT-PROPOS

PRÉSENTATION DES *ILLUSTRES FRANÇAISES*

L'inscription des *Illustres Françaises* au programme de l'agrégation des Lettres, aux côtés d'auteurs comme Villon, Montaigne, Molière et Valéry, marque avec éclat la consécration tardive d'une œuvre et d'un écrivain qui étaient tombés depuis près de deux siècles dans un oubli quasi total.

De la première édition critique des *Illustres Françaises* publiée en 1959 par le professeur Frédéric Deloffre (Société d'Édition « Les Belles Lettres », 2 vol.) à l'édition nouvelle établie par Frédéric Deloffre et Jacques Cormier pour la collection des « Textes Littéraires Français » (Droz, 1991, I vol.)[1], l'œuvre de Robert Challe a fait l'objet de travaux importants[2]. Grâce à l'édition du texte intégral du *Journal d'un voyage aux Indes* en 1979 (rééd. 1983) et des *Difficultés sur la religion proposées au Père Malebranche* (1983 ; nouvelle édition en préparation), la diversité, l'intérêt et l'importance de l'œuvre de Robert Challe sont aujourd'hui mieux perçus. La publication prochaine du texte complet des *Mémoires* et de la *Continuation de l'histoire de l'admirable Don*

---

1. Toutes nos références renverront, comme il se doit, à cette édition. Pour la commodité du lecteur, nous avons introduit dans le texte, entre parenthèses, les renvois aux pages.
2. Voir, à la fin de ce volume, notre bibliographie sélective.

Quichotte de la Manche (t. VI), parue en 1713 sous le nom de Filleau de Saint-Martin, mais dont Challe a revendiqué à bon droit la paternité, permettront d'accéder à l'ensemble de l'œuvre.

La principale difficulté d'une étude littéraire des *Illustres Françaises* tient à l'ampleur du texte (près de six cents pages) et à la complexité d'un univers romanesque marqué par la diversité des aventures et l'abondance des personnages. Aussi n'est-il pas inutile, au seuil de cette étude, de résumer les sept histoires qui seront successivement contées dans le cadre d'une société d'amis qui se retrouvent après plusieurs années de séparation.

I. La première histoire, celle de *Des Ronais et de Mademoiselle Dupuis*, a pour sujet un mariage d'abord contrarié par le refus obstiné du père de Manon Dupuis de se séparer de sa fille tant qu'il est en vie, puis retardé, après la mort du père, par un malentendu entre les amants. L'histoire serait banale si l'intérêt résidait dans l'intrigue. Mais l'attention se porte avant tout sur la figure singulière du vieux Dupuis. Ce personnage complexe et attachant n'a rien à voir avec le type du père égoïste et avare de la tradition comique. Marqué par les revers de fortune et les déboires conjugaux, Dupuis justifie son refus par une forme de prudence née d'une expérience amère de la vie. Mais ces raisons avouées n'éclairent pas totalement sa conduite, puisque son futur gendre, Des Ronais, est assez riche pour lui proposer d'épouser Manon sans dot. Au lecteur de sentir combien la force du personnage tient au secret qui l'habite : on s'interroge sur la vérité intime de Dupuis, comme on s'interrogera bientôt sur Angélique, Silvie ou Gallouin. Dans cette zone d'ombre que Challe préserve chez le père de Manon, on devine une hantise secrète de l'échec, de l'abandon et du dépouillement, et sans doute aussi, comme le suggère René Pomeau[3], le désir inavoué de garder près de lui, pour lui, jusqu'à

---

3. Voir bibliographie sélective.

sa mort, le seul être féminin dont la fidélité lui soit acquise, sa fille :
voilà le vrai bien, l'unique possession dont Dupuis ne veut pas se
séparer de son vivant ; et le personnage n'est pas loin de le
reconnaître quand, à l'approche de la mort, il demande qu'on lui
pardonne cette « faiblesse » du cœur qu'il n'a pas su vaincre
(p. 60).

II. C'est encore un mariage contrarié qui fait le sujet de la
deuxième histoire, celle de *Monsieur de Contamine et d'Angélique*. Mais l'obstacle est créé cette fois par l'énorme distance de
rang et de fortune qui sépare Contamine, fils unique d'une famille
de robe puissante et extrêmement riche, de la simple suivante
qu'est Angélique. C'est la situation de Marianne et de Valville
dans *La Vie de Marianne* de Marivaux, et Marivaux s'est souvenu
du récit de Robert Challe.

Dans une société où les alliances sont réglées par la conformité
des conditions et des biens, les convenances sociales semblent
devoir interdire à Monsieur de Contamine d'épouser Angélique.
Et pourtant, en dépit de « toute la disproportion qu'il y a dans ce
mariage » (p. 81), l'héritier d'une riche et puissante famille de robe
et la modeste fille de chambre privée de fortune et d'appui ont pu
s'unir. Toute l'histoire d'Angélique contée par Des Ronais à
Des Frans s'attache à éclairer cette aventure singulière.

Si le bonheur d'Angélique marque le triomphe de l'amour, de
la beauté et de la vertu, ce n'est pas un don du ciel, même si la
« fortune » a favorisé l'héroïne : c'est avant tout le fruit d'une
conduite maîtrisée, intelligente et habile, qui révèle, outre de très
solides qualités morales, beaucoup de lucidité, de fermeté et de
finesse.

Devant la réussite singulière d'Angélique, Des Ronais le narrateur s'interroge, et le lecteur avec lui :

> « peut-être que sa politique (= l'adresse, l'habileté, le calcul) a part
> à ses vertus » (p. 85).

On touche là au secret d'une héroïne qui a su saisir sa chance et « se bien ménager » (p. 96), c'est-à-dire se conduire avec habileté, dans une situation périlleuse et délicate où d'autres auraient sombré.

D'emblée, la situation est fermement exposée :

> « Je n'ai pour tout bien que ma vertu, je ne la vendrai point » (p. 92).

Mais cette fidélité à l'honneur ne signifie pas qu'Angélique se résigne à sa condition modeste et renonce au bonheur qui s'offre à elle : d'emblée, l'héroïne se montre résolue « de pousser sa fortune aussi loin qu'elle pourrait aller » (p. 93). Toute la conduite d'Angélique sera donc commandée par le souci de ne pas rebuter son amant et de l'engager de plus en plus fortement sans jamais pour sa part mettre en péril son honneur ni sa réputation.

Si Challe, à travers cette histoire, n'avait prétendu faire qu'une plate apologie de la vertu triomphante, la leçon morale aurait sans doute souffert de la part nécessaire de calcul et d'adresse qui entre dans le jeu de l'héroïne. C'est la principale faiblesse du roman de Richardson, *Pamela ou la vertu récompensée*, qui traite d'une situation analogue. Le romancier anglais Henry Fielding, l'auteur de *Tom Jones*, parlait, à propos de *Pamela*, de « trading of virtue », de marchandage de la virginité, et il n'avait pas tout à fait tort.

Avec plus d'habileté, Robert Challe a laissé au lecteur la liberté de s'interroger sur une conduite où l'ambition, justifiée par le mérite, s'allie à la vertu, à l'honneur et à l'amour pour soutenir la quête du bonheur et de la réussite sociale. Placée dans une situation où son cœur et son intérêt sont en cause, Angélique réagit, comme le fera plus tard la Marianne de Marivaux, avec intelligence et naturel, doigté et franchise, maitrise de soi et sincérité. Car elle aime Contamine d'un cœur sincère, et elle doit se défier de sa propre inclination pour satisfaire aux convenances et à l'honneur tout en ménageant son amour. Ce personnage féminin, qui a eu un modèle dans la réalité[4], est donc une figure attachante et complexe, qui invite à une réflexion morale renouvelée sur la notion de vertu.

III. La troisième histoire, celle de *Monsieur de Terny et de Mademoiselle de Bernay*, est marquée par la rencontre de deux personnalités fortes. Militaire de son état, Monsieur de Terny impose à l'action et au récit qu'il en fait l'empreinte d'un tempérament énergique, passionné, intrépide et fier. Clémence n'est pas moins résolue. Au contraire de sa sœur aînée, Madame d'Ornex, qui a été mariée contre son gré à un époux brutal et qui en mourra, Clémence de Bernay oppose une résistance obstinée aux efforts d'un père avide et dur qui tente de lui imposer, à deux reprises, un mari qu'elle n'aime pas, et elle résistera avec la même énergie à la clôture religieuse. Face aux contraintes injustes qui naissent de l'autorité dévoyée des parents, le bonheur des jeunes gens apparaît comme une conquête de la volonté, du courage et de la constance amoureuse. Un double scandale est dénoncé, le mariage imposé et la vocation forcée, qui sont le lot commun des filles. Contre cette double forme de violence, l'histoire de Monsieur de Terny et de Mademoiselle de Bernay fait entendre la protestation de la raison et du cœur ; et même si cette protestation n'est pas entièrement neuve (pensons à Molière et à La Bruyère), elle trouve dans la fiction une vigueur passionnée qui donne à l'exigence d'autonomie et de bonheur une force de contestation renouvelée. L'intervention éclatante de Monsieur de Terny, qui interrompt la cérémonie des vœux pour épouser publiquement Clémence de Bernay et l'arracher au couvent, marque le sommet dramatique du récit ; la scène traduit aussi avec intensité la principale leçon de l'histoire, en dénonçant un simulacre religieux qui déguise en cérémonie sacrée un emprisonnement dicté par l'intérêt des familles et l'avidité des couvents. Le procès des vocations forcées se prolongera bientôt à

---

4. Voir l'article de Marie-Laure Girou-Swiderski, « La véritable Angélique, un double de Robert Challe », RHLF, juillet-août 1983, pp. 531-569.

travers l'histoire de Tervire dans *La Vie de Marianne* de Marivaux, et plus tard dans *La Religieuse* de Diderot : R. Challe avait ouvert la voie.

IV. La quatrième histoire, celle de *Monsieur de Jussy et de Mademoiselle Fenouil*, reprend en l'inversant la situation traitée dans l'histoire d'Angélique et de Monsieur de Contamine. Si l'obstacle au mariage des deux héros tient encore à la disproportion des fortunes, c'est la jeune fille qui, par sa naissance et sa richesse, se situe à un rang social supérieur : issu d'une famille de bourgeoisie moyenne, Jussy, comme son père et ses frères, exerce le métier d'avocat ; Babet Fenouil en revanche appartient à la noblesse de robe ; fille unique, orpheline de père et de mère, elle vit sous la tutelle d'un oncle qui gère sa fortune.

Pour faire triompher son amour, elle n'hésite pas à bousculer les convenances en précipitant les aveux, en acceptant un commerce clandestin après l'échange d'une promesse de mariage, puis en imposant à son amant de prendre la fuite avec elle, alors qu'elle est enceinte, au mépris du scandale et des lois qui punissent avec rigueur la subornation et le rapt. Mais la justice a tôt fait de les rattraper, et Jussy est condamné à un bannissement de sept ans. La jeune femme lui restera fidèle, et ces sept années de séparation et de constance lui permettront de se laver de sa faute et de retrouver, au regard de l'opinion, l'honneur et la réputation perdus. Le retour de Jussy coïncidant avec la majorité de Babet, les deux amants s'unissent par un mariage légitime qui scelle à la fois leur bonheur et leur réintégration sociale.

V. Si l'histoire de Babet Fenouil oppose aux imprudences et aux désordres de l'amour la rédemption de la constance, la cinquième histoire, celle de *Monsieur Des Prez et de Mademoiselle de l'Épine*, illustre les malheurs de la passion lorsqu'elle entraîne deux amants de condition inégale à tenter de se soustraire, par un mariage secret, aux exigences de la société.

Fils unique d'un magistrat puissant et riche, Des Prez sait que son père refusera de consentir à son mariage avec Mademoiselle de l'Épine, fille aînée d'une famille italienne de bonne maison mais de médiocre fortune, que la mort du père a privée d'appui alors même qu'elle est embarrassée dans un long procès. L'amour des jeunes gens est né dès leur première rencontre, et Marie-Madeleine de l'Épine, en dépit des pressentiments funestes qui l'agitent, se soumet à cet entraînement fatal. Des Prez, qui est majeur, prend la responsabilité de se marier secrètement et trouve un prêtre de Normandie, pauvre mais au fond honnête, qui accepte de bénir le mariage clandestin.

Mais le bonheur dérobé est fragile, et le plaisir du secret, si vif soit-il, apparaît comme un leurre, une illusion de liberté, qui ne saurait faire oublier très longtemps les contraintes du réel. Sur ce plan, la mésaventure du couple, surpris par un paysan alors qu'il s'abandonne au plaisir amoureux dans un champ de seigle, symbolise avec force la menace que le regard d'autrui fait peser sur l'amour illicite. Avec la grossesse de la jeune femme surgissent les difficultés et les épreuves, et il suffira d'une lettre imprudemment égarée pour déclencher la catastrophe : averti de la situation, et conformément à la loi qui lui en donne le pouvoir, le père fait enfermer son fils à la prison de Saint-Lazare, l'empêchant du même coup de porter secours à Mademoiselle de l'Épine, laquelle, malgré son état pitoyable, est rejetée avec dureté par sa mère et jetée à l'Hôtel-Dieu, asile des prostituées : c'est dans ce lieu d'infamie qu'elle expire, après avoir mis au monde un enfant mort. Il ne reste plus à Des Prez qu'à pleurer la mort de la jeune femme et à poursuivre de sa vengeance ceux qui ont contribué à son malheur : la mère de Mademoiselle de l'Épine, l'exempt qui l'a arrêté, et son propre laquais qui a prêté la main à son arrestation ; mais le père de Des Prez est exclu de ce règlement de comptes, et la discrétion du texte sur ce plan ressemble assez à une soumission tacite à l'autorité légale.

Par son caractère pathétique et son dénouement funeste comme par sa structure dramatique et morale, fondée sur un schéma duel – transgression/sanction – qui exclut la perspective heureuse d'une rédemption, ce cinquième récit s'inscrit dans la tradition de l'histoire tragique, telle que l'ont illustrée, dans la première partie du XVIIᵉ siècle, François de Rosset et l'évêque de Belley, Jean-Pierre Camus.

Il vaut d'observer, à la suite de Michèle Weil[5], que Des Prez est le seul personnage de premier plan de toutes les histoires qui reste éloigné de la compagnie amicale et choisie que rassemble l'histoire-cadre : son image sort restaurée du récit présenté par Dupuis ; mais, au contraire de Jussy et de Des Frans, dont on entendra bientôt l'histoire, Des Prez reste à l'écart d'une société dont il a méprisé les obligations et les règles. Si les amants malheureux ont droit à la pitié des auditeurs, ils n'en portent pas moins le poids d'une faute que Madame de Contamine constate en déclarant que « presque toutes ces sortes de mariages faits à l'insu ou malgré les parents ne sont jamais heureux » (p. 289). L'histoire tragique de Monsieur Des Prez et de Mademoiselle de l'Épine garde donc des attaches étroites avec cette interrogation sur le bonheur qui est au cœur du livre et qui tisse entre les différentes histoires – y compris l'histoire-cadre – un lien de cohérence sensible.

VI. La sixième histoire, celle de *Des Frans et de Silvie*, est placée sous le signe de l'ambiguïté, de la passion et de la fatalité. L'ambiguïté est d'abord celle d'une héroïne, Silvie, dont la naissance et la personnalité s'enveloppent de mystère. On découvrira progressivement, en même temps que le héros Des Frans, sa véritable identité : née d'une liaison hors mariage entre un gentilhomme, le marquis de Buringe, et une « fille de grande qualité », Silvie a été abandonnée à sa naissance, confiée jusqu'à l'âge de huit ans aux Enfants Trouvés, puis élevée par la sœur de Monsieur de Buringe, la duchesse de Cranves, qui lui a donné une excellente éducation et lui a laissé, avant de mourir, une partie de sa fortune.

Mais la fatalité de cette naissance illégitime poursuit Silvie. Si elle porte en elle les qualités de cœur et d'âme qui tiennent à ses

---

5. Michèle Weil, *Robert Challe romancier*, p. 144.

origines nobles, cette ascendance non reconnue la maintient en marge de la bonne société et l'expose aux entreprises d'un libertin comme Gallouin ou d'aventuriers sans scrupules comme Rouvière, le gentilhomme manceau, ou le domestique Valeran, qui sont tous deux de la race des coquins.

Cette situation incertaine interdit aussi à Des Frans et Silvie de s'épouser publiquement et les contraint à s'unir par un mariage secret. Grâce à l'entremise d'un parent, le Commandeur de Villeblain, Des Frans informera sa mère de cette situation ; mais si cet acte de franchise permet d'éviter, entre la mère et le fils, le mensonge dégradant et les risques de rupture, il ne lève pas pour autant l'obstacle résultant des convenances sociales, si bien que Madame des Frans, face au fait accompli, exige que le mariage reste secret de son vivant, afin d'épargner, à elle comme à son fils, la réprobation de l'opinion et le mépris de sa famille.

Ce secret dicté par les bienséances sera la cause de la catastrophe. Ignorant que Silvie est mariée, Gallouin, ami de Dupuis et frère de Madame de Londé, entreprend de la conquérir et n'hésite pas, pour parvenir à ses fins, à s'aider d'artifices magiques. Au retour du voyage en province qui l'avait éloigné de Silvie, Des Frans surprend la jeune femme endormie dans les bras de Gallouin. Dominant sa fureur, il épargne les coupables : mais il blessera peu après Gallouin en duel, et il tirera de Silvie une vengeance cruelle en la tenant sequestrée pendant trois mois dans un total dénuement, avant de lui rendre la liberté. Elle mourra quelque temps plus tard dans le couvent où elle s'est retirée, après avoir pressé Gallouin de se retirer lui aussi du monde pour expier son crime. Comme on l'apprendra dans la septième histoire, celui-ci se fera effectivement religieux et mènera une vie édifiante avant d'être pendu, au cours d'un voyage, par des brigands. Quant à Des Frans, après des années d'errance, il revient à Paris pour s'installer dans une charge, renoue avec ses amis et se laisse convaincre que l'amour fidèle et les belles qualités de Madame de Mongey lui permettront de trouver l'apaisement et le bonheur.

Finalement, il apparaît que chacun, dans cette aventure drama-tique, est allé jusqu'au bout de sa vérité et de son destin. Silvie, qui avait cru un temps pouvoir mentir sur ses origines, a dû accepter sa condition, connaître sa faiblesse et expier une faute inscrite obscurément dans sa destinée d'enfant illégitime. Gallouin, cu-rieux de magie et de surnaturel, a fini par rencontrer le sacré. Des Frans enfin, après avoir longtemps cru à la perfidie de Silvie, doit reconnaître son innocence et toucher le fond de la souffrance, avant de trouver auprès de Madame de Mongey un bonheur stable et approuvé. Mieux qu'une conclusion, le remariage de Des Frans apporte une ouverture sur un monde apaisé, où le tragique de la passion et de la fatalité peut être conjuré.

VII. Contrastant avec les deux histoires précédentes, où la tonalité pathétique et tragique est fortement marquée, la sep-tième et dernière histoire, celle de *Monsieur Dupuis et de Madame de Londé*, s'offre ouvertement comme une histoire comique, que le narrateur du reste rattache à l'*Histoire comique de Francion* de Charles Sorel, premier grand modèle du roman comique au XVIIᵉ siècle. Encore faudrait-il éviter d'enfermer le récit dans une définition réductrice. Si la première partie appa-raît bien comme la confession joyeuse d'une jeunesse libertine, riche, comme le dit le narrateur, de « coups de fourbe et de scélérat » (p. 439), la rencontre de deux femmes dignes d'es-time et d'admiration conduira le héros à se transformer. Commence alors une véritable éducation sentimentale qui éloigne Dupuis, déjà détaché de l'éclat et des excès de la débauche, des jeux cyniques du libertinage, pour le conduire à découvrir le prix de l'amour partagé, sincère et fidèle.

Cette conversion du libertin à l'amour honnête est amorcée par une belle veuve, avec qui Dupuis entretiendra une liaison de cinq ans : liaison équilibrée, heureuse, épanouie, où le bonheur des sens s'allie à la tendresse et à l'estime réciproques. Cette influence heureuse fait de Dupuis un homme neuf :

« Elle m'a rendu tout à fait honnête homme ; et je lui ai obligation de m'avoir absolument retiré des mauvaises compagnies » (p. 531).

La rencontre de la sœur de Gallouin, mariée à Monsieur de Londé, permettra à Dupuis de confirmer sa capacité à s'attacher avec sincérité à une femme digne d'être aimée : encore commence-t-il par jouer la comédie de l'amour, avant que la fermeté de cette femme honnête ne fasse de lui un amant sincèrement épris, capable de se jeter sur son épée pour mieux convaincre de sa passion.

La mort de Monsieur de Londé rend à Dupuis et à celle qu'il aime la liberté de s'unir, passé le délai imposé par les convenances du veuvage. Retardé par la mort de Gallouin, le mariage de Dupuis et de Madame de Londé, à la fin des *Illustres Françaises*, est sur le point de se conclure, comme celui de Des Ronais et de Manon Dupuis et de Madame de Mongey et de Des Frans. Triple promesse de bonheur qui donne à la conclusion du roman une couleur résolument optimiste.

Telles sont les sept histoires que le libraire hollandais, Abraham de Hondt, publia à La Haye au début de l'année 1713, sous le titre *Les Illustres Françaises*, sans nom d'auteur, en deux volumes. Le livre ne passa pas inaperçu, et le *Journal Littéraire* de La Haye lui consacra un compte rendu important dans son numéro du mois de mai-juin 1713[6]. Le succès de l'ouvrage est confirmé par les trois rééditions qui suivent l'originale, toujours chez le libraire De Hondt à La Haye, en 1715, 1720 et 1722.

Challe, dans sa préface, avait promis de donner une suite à ses histoires si le public accueillait favorablement les deux premiers volumes. Il avait même jeté dans son texte quelques jalons : ainsi, Des Ronais projette de dire un jour l'histoire de Rouvière, gentilhomme manceau de sac et de corde, et Des Frans de raconter celle de Monsieur de Querville (pp. 373-374). Le romancier ne donnera pas de suite à ces projets.

---

6. Texte donné en appendice dans l'édition Deloffre-Cormier, pp. 591-594.

Et pourtant, l'édition hollandaise de 1722 est donnée comme étant nouvelle, revue, corrigée et augmentée par l'auteur. Elle contient la suite de l'histoire de Monsieur Dupuis et de Madame de Londé et une nouvelle aventure, l'histoire de Monsieur de Vallebois et de Mademoiselle de Pontais. Ces augmentations sont apocryphes, comme celles qui remplissent le troisième volume de l'édition parisienne de 1723, première édition française du roman de Robert Challe.

Au total, une quinzaine d'éditions au XVIIIe siècle attestent le succès des *Illustres Françaises*. Comme le remarque F. Deloffre, les romans de Duclos, de Crébillon, de Madame de Tencin, ont eu moins de lecteurs au XVIIIe siècle que *Les Illustres Françaises*, et les deux grands romans de Marivaux, *La Vie de Marianne* et *Le Paysan parvenu*, en ont eu à peine plus.

Ajoutons que l'ouvrage de Challe fut traduit en anglais en 1727 et en allemand en 1728 ; que deux des histoires, celle de Des Ronais et celle de Des Frans et Silvie furent adaptées à la scène ; enfin, rappelons que *Les Illustres Françaises* ont influencé Marivaux et Prévost en France et Richardson en Angleterre. C'est dire le succès et l'importance d'une œuvre que le XIXe siècle, à l'exception de Champfleury, a cessé de lire, et dont nous redécouvrons aujourd'hui l'originalité et la force.

CHAPITRE I

LA POÉTIQUE DE L'*HISTOIRE VÉRITABLE*

Le sous-titre des *Illustres Françaises*, « histoires véritables », ne tend pas seulement à accréditer l'idée que l'ouvrage relate des aventures plus ou moins authentiques. C'est d'abord une manière de situer l'ouvrage dans une tradition narrative qui s'est définie par opposition au long roman d'aventures héroïques et dont la vogue n'a cessé de s'affirmer au cours du règne de Louis XIV.

Deux termes, *nouvelle* et *histoire*, désignent à cette époque ces récits d'une relative brièveté qui prétendent offrir à un public lassé des grandes fictions héroïques des personnages plus proches de l'humanité moyenne et des aventures plus crédibles. Il ne s'agit pas vraiment d'une innovation : sans parler de *L'Heptaméron* de Marguerite de Navarre dont le souvenir s'est conservé et que l'on continue de rééditer au XVIIᵉ siècle, les lecteurs français avaient pu apprécier les recueils d'histoires tragiques de François de Rosset et de l'évêque de Belley, Jean-Pierre Camus, les *Histoires comiques* de Du Souhait (1612) et les *Nouvelles françaises* de Charles Sorel (1623, rééd. en 1645), ainsi que les nouvelles traduites ou adaptées de l'espagnol, que Scarron notamment contribua à mettre à la mode dans les années cinquante.

Mais c'est surtout la publication des *Nouvelles françaises ou les Divertissements de la Princesse Aurélie* de Segrais, en 1657, qui attira l'attention du public mondain sur l'intérêt spécifique d'un genre distinct du roman, qui s'éloignait des hautes régions de la poésie héroïque pour inscrire ses fictions dans le domaine du possible :

> « Il me semble, déclare la princesse Aurélie, que c'est la différence qu'il y a entre le Roman et la Nouvelle, que le Roman écrit ces choses comme la bienséance le veut et à la manière du poète ; mais que la Nouvelle doit un peu davantage tenir de l'Histoire et s'attacher plutôt à donner des images des choses comme d'ordinaire nous les voyons arriver, que comme notre imagination se les figure[1]. »

La voie était ouverte et, de *La Princesse de Montpensier* (1662) aux *Illustres Françaises*, la nouvelle va s'imposer comme la forme d'expression moderne du romanesque. Détachée du modèle épique (sinon des poncifs romanesques), elle cherchera du côté de la relation véritable des techniques d'illusion renouvelées. Ne parlons pas de conversion au réalisme : le plaisir du roman reste – et pour longtemps encore – lié à l'évocation de situations singulières. Mais si l'extraordinaire n'a rien perdu de son attrait, on attend du romancier qu'il sache donner à ses fictions, qu'elles s'inscrivent dans un cadre contemporain où qu'elles se situent dans un passé plus ou moins éloigné, les couleurs de l'authenticité.

À l'exemple de Madame de Lafayette, beaucoup de romanciers prendront appui sur l'Histoire pour donner à leurs récits cette impression de vérité que demandent les lecteurs. D'autres, dans le sillage de Donneau de Visé, puiseront leur inspiration dans la chronique contemporaine ou feindront, à tout le moins, de rapporter des aventures du temps. Dans tous les cas, la nouvelle se donne le visage de la relation véritable, et les romanciers, exploitant l'ambiguïté du mot « histoire », affectent de soumettre leur narration aux exigences d'exactitude et de fidélité aux faits qui sont la règle de l'historien.

---

1. Jean Regnault de Segrais, *Les Nouvelles françaises ou les Divertissements de la Princesse Aurélie*, éd. Roger Guichemerre, STFM, 1990, t. I, p. 99.

Aussi R. Challe s'appuie-t-il sur une tradition solidement établie lorsqu'il affirme avec insistance, dans la préface de ses *Illustres Françaises*, qu'il n'est rien dans ses récits qui ne soit conforme à la stricte vérité. Quarante ans plus tôt, le rédacteur du *Mercure galant*, Donneau de Visé, avait offert à la curiosité de ses lecteurs des « nouvelles » prétendument empruntées à la chronique galante du temps. Ainsi, l'*Histoire des bas de soie verts* insérée dans la première livraison du *Mercure*, en 1672, s'achève par cette déclaration caractéristique :

> « L'histoire n'en dit pas davantage ; et comme je vous ai promis de ne vous dire que des vérités, je n'y ajouterai rien, quoiqu'il me fût aisé d'inventer beaucoup de choses sur une si belle matière[2]. »

Mais c'est surtout dans la préface de ses *Nouvelles galantes, comiques et tragiques* (1669) que Donneau de Visé a tracé de la manière la plus ferme les voies de l'« histoire véritable ». La vérité prétendue des événements rapportés fonde la cohérence esthétique d'un genre qui refuse les conventions du roman. En vertu de cette prétention à la vérité, la nouvelle s'autorise à rapporter des incidents singuliers, là où le romancier devait plier ses fictions aux exigences de la vraisemblance :

> « Je ne doute point, écrit Donneau de Visé, qu'on ne trouve dans quelques-unes de mes nouvelles des choses qui paraissent un peu contre la vraisemblance ; mais le lecteur fera, s'il lui plaît, réflexion que je ne suis pas poète dans cet ouvrage, et que je suis historien. Le poète doit s'attacher à la vraisemblance et corriger la vérité qui n'est pas vraisemblable. L'historien au contraire ne doit rien écrire qui ne soit vrai ; et pourvu qu'il soit assuré de dire la vérité, il ne doit point avoir d'égard à la vraisemblance. Il est certain qu'il est souvent arrivé des choses qui n'étaient pas vraisemblables, et sans cela nous ne verrions jamais rien arriver d'extraordinaire ni de surprenant. Comme je suis fidèle historien, je n'ai point voulu toucher aux incidents que j'ai trouvés de cette nature, encore qu'en bien des

---

2. Cette histoire figurera dans le recueil de *Nouvelles du XVIIᵉ siècle* à paraître dans la Bibliothèque de la Pléiade.

endroits j'eusse pu par deux ou trois mots seulement rendre des aventures plus vraisemblables. »

Par un paradoxe qui n'est pas dépourvu d'humour, c'est donc en prétendant renoncer à la liberté d'invention du romancier que le nouvelliste-historien préserve les chances du romanesque.

L'attachement à la vérité justifie en second lieu le choix d'un style simple, vivant, naturel, celui de la relation familière, un style approprié à la simplicité des histoires rapportées :

> « (...) je prie ceux qui ne trouveront pas le style de mes nouvelles assez ampoulé de se ressouvenir que ces sortes d'ouvrages n'étant que des récits de choses plus familières que relevées, le style en doit être aussi aisé et aussi naturel que serait celui d'une personne d'esprit qui ferait agréablement un conte sur-le-champ. »

Autant que le souci de la vérité enfin, qui interdit de gonfler les récits d'événements inventés, c'est le plaisir du lecteur qui incite Donneau de Visé à la brièveté. Écartant de ses nouvelles les développements étrangers au « fil de l'histoire », et notamment les conversations adventices que Mademoiselle de Scudéry avait mises à la mode et dont le public a fini par se lasser, l'auteur achève de fixer les grands principes du genre qui a triomphé, à l'âge classique, du long roman héroïque : un récit rapide, linéaire, naturel, qui sache donner à des événements singuliers le visage de la vérité, tels sont, selon Donneau de Visé, les caractères distinctifs de la nouvelle ou de l'histoire.

Ces orientations dominantes des « romans nouveaux » (l'expression apparaît à mainte reprise à cette époque) seront confirmées quelques années plus tard par le sieur Du Plaisir dans ses *Réflexions sur l'histoire* (1683)[3]. Contrairement à ce que pourrait suggérer le titre, l'analyse de Du Plaisir ne porte pas sur l'art de l'historien, mais sur les pratiques narratives nouvelles des romanciers modernes qui s'attachent à créer l'illusion de la vérité dans

---

3. On se reportera à l'édition critique établie par Philippe Hourcade, Droz, Textes Littéraires Français, 1975.

ces récits plus simples, plus brefs, plus vraisemblables, que l'on désigne sous le nom de *nouvelles* ou d'*histoires*.

Partant du constat que « les petites histoires ont entièrement détruit les grands romans », Du Plaisir fonde l'esthétique de la nouvelle sur le rejet des conventions du roman héroïque :

> « Ce qui a fait haïr les anciens romans est ce que l'on doit d'abord éviter dans les romans nouveaux. »

Par opposition à des fictions trop longues et d'une construction trop complexe, qui mettaient en scène dans une antiquité de convention des aventures invraisemblables et des héros trop parfaits, la nouvelle, selon Du Plaisir, doit concentrer l'attention du lecteur sur une situation simple, sur un nombre réduit de personnages, sur la narration suivie d'une aventure point trop reculée dans le temps ni située dans des lieux trop éloignés. Sont rejetés tous les développements formant digression, notamment les confidences d'aventures particulières étrangères au récit principal ou les longues conversations sur des questions galantes. Une attention particulière est portée à la vraisemblance, qui commande le plaisir de l'illusion. Sur ce point capital, Du Plaisir a soin de préciser que la recherche de la vaisemblance n'exclut pas les situations singulières : bien au contraire, l'intérêt du récit sera d'autant plus vif que le romancier saura donner les apparences du naturel à des situations hors du commun. Bien loin d'engager la nouvelle sur les voies de la banalité, l'exigence de vraisemblance maintient les droits de l'extraordinaire, obligeant le romancier à s'attacher d'autant plus à la crédibilité d'un récit qui doit surprendre, attacher et convaincre.

Il est probable que ces observations de Du Plaisir sur l'art de la nouvelle procèdent pour une large part d'une lecture réfléchie de *La Princesse de Clèves*, que l'auteur avait imitée dans une nouvelle publiée en 1682, *La Duchesse d'Estramène*. En mettant l'accent sur les exigences de simplicité, de concentration, d'unité et de naturel qui distinguent la nouvelle vraisemblable des grandes fictions héroïques, Du Plaisir éclaire bien les liens qui unissent cette conception moderne du roman à l'idéal classique. On retiendra surtout de son analyse le souci de fonder l'illusion de vérité sur une pratique maîtrisée de l'écriture : en d'autres termes, la vérité romanesque ne se confond pas avec la vérité historique ; c'est une conquête de l'art.

Or cette grande leçon artistique, si brillamment illustrée par Madame de Lafayette, traçait aussi une voie exigeante que les romanciers de l'époque Louis XIV ont eu du mal à suivre. À l'illusion qui naît de l'art, ils ont souvent substitué l'artifice consistant à fonder l'impression de vérité sur l'association équivoque de la réalité et de la fiction. C'est le cas de toutes ces nouvelles dites « du temps » qui agrémentent d'éléments inventés des anecdotes empruntées pour partie à la chronique contemporaine, ou qui prétendent rapporter des histoires véritables en inscrivant d'improbables aventures dans un cadre moderne et familier : Donneau de Visé, Subligny, Préchac, Eustache Le Noble, Courtilz de Sandras, exploiteront avec plus ou moins de bonheur ce filon des fictions contemporaines déguisées en anecdotes véritables ou en mémoires.

Le mélange de la vérité et de la fiction est aussi le principe de toutes ces nouvelles dites « historiques » qui empruntent à l'Histoire le cadre d'intrigues galantes plus ou moins librement inventées, et qui n'hésitent pas à prêter à des figures réelles et célèbres des aventures amoureuses de fantaisie. La vogue des « histoires secrètes », à la fin du siècle, a marqué l'aboutissement de cette recherche de l'illusion historique fondée sur la confusion de la vérité et de l'invention, l'histoire secrète prétendant révéler, à partir de sources inédites, les dessous galants des grands événements de l'histoire ancienne ou moderne[4].

---

4. Le procédé n'est pas neuf au moment où Mademoiselle de la Force fait paraître son *Histoire secrète de Bourgogne* (1694), dont le succès lança la vogue de l'histoire secrète. Madame de Villedieu et Saint-Réal avaient ouvert la voie ; en 1675, l'auteur du *Journal amoureux d'Espagne* fondait sa connaissance des intrigues galantes de la cour de Barcelone sur de prétendus « mémoires secrets » (éd. Marc Chadourne, Pauvert, 1961, p. 49).

Cette falsification romanesque de l'histoire suscitera, à la fin du XVIIe siècle, de vives protestations, notamment de la part de Bayle qui, dans ses *Nouvelles de la République des Lettres* et dans son *Dictionnaire historique et critique*, reprochera aux nouveaux romanciers de corrompre la vérité historique et de répandre « mille ténèbres » sur la véritable Histoire.

Vingt ans après le succès éclatant de *La princesse de Clèves*, où les contemporains ont reconnu le chef-d'œuvre du roman moderne, ce procès des fictions historiques à la fin du XVIIe siècle vise une production romanesque médiocre, qui s'est enlisée dans les facilités de l'histoire romancée.

L'imitation de la relation véritable dans les récits d'aventures contemporaines – nouvelles du temps ou mémoires fictifs – conduit à une impasse analogue. Dans tous les cas, la prétention à fonder l'illusion sur l'association de la réalité et du mensonge dégénère en recette, et ni le recours à l'Histoire ni les allusions à l'actualité ne suffisent à masquer les artifices de la vraisemblance et le caractère conventionnel des fictions.

Pour donner au roman un nouvel essor, il faudra que les romanciers se dégagent de ces artifices devenus inopérants et inventent des formules narratives neuves, capables de donner l'illusion puissante de la vérité. C'est cette vérité artistique que R. Challe s'est attaché à créer dans ses *Illustres Françaises*, en dégageant l'histoire véritable de l'anecdote pour l'orienter vers l'expression intense de la vie.

CHAPITRE II

LES JEUX DE L'AMBIGUÏTÉ

Challe, en 1713, adresse ses *Illustres Françaises* à des lecteurs qui ont depuis longtemps rejeté les conventions du roman héroïque, mais qui ne se satisfont plus tout à fait des artifices des nouvelles historiques et galantes.

Le titre de l'ouvrage, *Les Illustres Françaises, histoires véritables*, semble inspiré par le désir de répondre aux aspirations d'un public qui a gardé le goût des sujets et des personnages hors du commun, mais qui veut pouvoir céder au plaisir de croire à la vérité des aventures rapportées. Il est vrai que Challe, dans sa correspondance avec les rédacteurs du *Journal littéraire* de La Haye, a désavoué le sous-titre donné à son livre : « On a ajouté une suite au titre qui n'est point sur le manuscrit, du moins de ma main » (lettre du 30 décembre 1713) ; mais, contrairement à l'hypothèse émise par J. Popin, il n'est pas assuré que le désaveu du romancier vise l'expression « histoires véritables », qui est solidaire du titre, et il parait plus vraisemblable de penser que la réserve porte sur un sous-titre publicitaire trompeur, qui tend à présenter le roman comme une illustration « des belles manières, de la politesse et de la galanterie des personnes de l'un et l'autre sexe de cette nation ». Quel rapport avec l'ouvrage de Challe ?

En revanche, la mention « histoires véritables » n'est pas étrangère à l'esprit du roman. Appliquée à un titre aux résonances romanesques comme *Les Illustres Françaises*, elle crée une alliance paradoxale mais suggestive qui place d'entrée la fiction sous le signe de l'ambiguïté.

En intitulant son roman *Les Illustres Françaises*, Challe a utilisé une épithète dont les romanciers du XVIIe siècle se servaient volontiers pour mettre en valeur, dans leurs titres, la grandeur et l'éclat de leurs héros. Dans la première moitié du XVIIe siècle, plus que *L'Illustre Amalazonthe* du sieur Des Fontaines (1645), c'est le roman de Georges et de Madeleine de Scudéry, *Ibrahim ou l'Illustre Bassa* (1641, 4 vol.), qui apporte l'exemple le plus brillant de la prédilection du roman héroïque pour les figures d'un mérite hors du commun. Le succès du genre bref, dans la seconde partie du siècle, ne remet pas en cause cette pente du romanesque vers les héros d'exception, et le qualificatif d'*illustre* continue d'attester le prestige de l'extraordinaire, à l'heure où la nouvelle tend à se soumettre à une conception plus stricte de la vraisemblance. À preuve les titres d'un romancier avisé comme Jean de Préchac, qui publie *L'Illustre Parisienne* en 1679 et *L'Illustre Gênoise* en 1685. Plus tard encore, des ouvrages anonymes comme *Les Illustres infortunés* (1694) ou *L'Illustre Mousquetaire* (1697) confirment que la qualité de héros de roman appelle des vertus et un éclat singuliers. En donnant à ses héroïnes la qualité d'*illustres*, Challe semble donc se plier à la tradition romanesque des figures d'exception.

Mais la notion d'*histoires véritables* corrige cette référence au romanesque en invitant à considérer comme authentiques les aventures relatées. Naturellement, le lecteur n'est pas forcé de prendre à la lettre cette promesse du titre, et il ne lui est pas interdit de penser, comme le fera plus tard le rédacteur de la *Bibliothèque universelle des romans*, en 1776, que ces prétendues « histoires véritables » sont plutôt des « nouvelles », c'est-à-dire des récits où l'imagination a sa part. R. Challe a préféré entretenir l'ambiguïté en plaçant dès le titre son ouvrage sous le double signe du romanesque (« Illustres ») et de la vérité (« véritables »).

Cette ambiguïté se prolonge dans la *Préface* des *Illustres Françaises* où le romancier justifie ses choix, oriente le jugement de ses lecteurs et définit une position littéraire originale. Ces pages liminaires sont étroitement liées au roman, dont elles préparent en quelque sorte la lecture ; elles se rattachent aussi de manière implicite au débat littéraire et moral qui entoure le genre romanesque à cette époque et montrent comment la réflexion de R. Challe prend appui sur ce débat pour tracer des orientations personnelles. Pages d'un intérêt capital, par conséquent, et qui appellent un examen d'autant plus attentif que l'ambiguïté du roman se réfléchit avec ironie dans les affirmations du romancier.

De cette ambiguïté de la fiction qui donne à l'invention littéraire le visage de la vérité, Challe a la plus vive conscience, et il sait que le plaisir de ses lecteurs sera d'autant plus vif qu'ils auront le sentiment de lire des aventures réelles, des « histoires véritables ». On le savait depuis longtemps. Dès 1664, dans sa *Bibliothèque française*, Charles Sorel constatait que « beaucoup de gens se plaisent davantage au récit naturel des aventures modernes, comme on en met dans les histoires qu'on veut faire passer pour vraies, non pas seulement pour vraisemblables » (p. 168) ; et quelques années plus tard, dans son traité *De la connaissance des bons livres* (1671), Sorel définissait de la manière la plus lucide cette essence paradoxale du roman, qui consiste à ressembler à une Histoire, sans laisser pourtant d'être une fiction (p. 172).

À la même époque, refusant de céder à l'engouement du public pour les *Lettres portugaises*, Gabriel Guéret, dans La *Promenade de Saint-Cloud* (1669), se défend d'être « de ceux qui ne trouvent rien de bon si l'on ne leur garantit véritable ». Mais le public s'abandonne plus volontiers à la séduction de l'illusion, et Madeleine de Scudéry lui donnait en quelque sorte raison quand elle notait en 1667, dans *Mathilde d'Aguilar*, « que l'imagination est plus agréablement remplie de ce qui est, que de ce qui peut être » (p. 77).

Pour l'abbé de Charnes, qui défendra avec intelligence *La Princesse de Clèves* contre les critiques de Valincour[1], l'attrait des nouvelles historiques et galantes, où l'auteur reconnaît un genre nouveau, « une invention de nos jours », est lié à l'impression de vérité qui s'en dégage :

> « Ce sont des copies simples et fidèles de la véritable histoire, souvent si ressemblantes, qu'on les prend pour l'histoire même[2] ».

Retenons encore, parmi bien d'autres témoignages, cette remarque de Bayle sur la vogue des « histoires secrètes » à la fin du siècle :

> « Les libraires et les auteurs font tout ce qu'ils peuvent pour faire accroire que ces Histoires secrètes ont été puisées dans des manuscrits anecdotes : ils savent bien que les intrigues d'amour, et telles autres aventures, plaisent davantage quand on croit qu'elles sont réelles, que quand on se persuade que ce ne sont que des inventions » (*Dictionnaire historique et critique*, article *Nidhard*, remarque C).

Challe, comme ses prédécesseurs et ses contemporains, sait donc que la réussite du roman est liée au plaisir de l'illusion. Mais il renonce, dans ses *Illustres Françaises*, au subterfuge consistant à masquer le travail littéraire du romancier sous les apparences du témoignage authentique (faux journal, pseudo mémoires, manuscrit livré subrepticement au public). La première fonction de la *Préface* est de signaler la présence de l'auteur et de rappeler que cet ouvrage anonyme est bien l'œuvre d'un écrivain soucieux de répondre aux aspirations du public.

Loin d'esquiver le paradoxe de l'illusion romanesque, cette vérité née du mensonge, Challe a choisi au contraire de l'affronter ouvertement dans sa préface, avant de s'effacer discrètement derrière son récit pour libérer les enchantements de la fiction.

---

1. (Valincour), *Lettres à Madame la marquise *** sur le sujet de La Princesse de Clèves*, Paris, Sébastien Mabre-Cramoisy, 1678 ; (J.-A. de Charnes), *Conversations sur la critique de La Princesse de Clèves*, Paris, Claude Barbin, 1679. Ces deux ouvrages ont été réédités en fac-similé par le Groupe d'étude du XVIIᵉ siècle de l'Université de Tours (1972 et 1973).
2. Charnes, *op. cit.*, p. 135.

Voyons bien du reste que les indications apportées par l'auteur à ses lecteurs entrent déjà dans le système de l'illusion : la *Préface* des *Illustres Françaises* en ce sens est moins un préambule théorique qu'un prélude à la fiction. Conformément à la promesse du titre, « histoires véritables », Challe prétend mettre en scène des personnages réels et des aventures authentiques. Dans la voie ouverte par Donneau de Visé en 1669 dans sa préface des *Nouvelles galantes, comiques et tragiques,* l'auteur des *Illustres françaises* rejette les artifices et les embellissements du roman, les braves « à toute épreuve », les « incidents surprenants », les « aventures de commande » (p. 4), et l'affirmation d'un attachement indéfectible aux faits lui permet, à l'exemple de Donneau de Visé, de justifier l'extraordinaire (en l'occurrence le geste passionné de Dupuis qui se perce le corps dans la chambre de Madame de Londé) par la préférence donnée à la vérité sur la vraisemblance. Aux lecteurs qui douteraient encore de la véracité des récits, le romancier signale la présence dans le texte d'éléments directement empruntés au réel :

> « Les vers de Dupuis mourant, les lettres de sa fille, celles de Madame de Terny et celles de Silvie (...) ne sont point de ma façon, et sont en effet des gens dont je veux parler » (p. 4).

Et Challe d'ajouter, non sans ironie : « Il y aura peut-être quelque curieux qui les aura déjà vues ».

En fait, le romancier joue avec la curiosité et la perspicacité de ses lecteurs. On observera d'abord que les prétendues preuves à l'appui de l'authenticité des histoires rapportées peuvent aussi bien suggérer que tout le reste relève de la fiction. On notera surtout que ces fragments donnés pour authentiques ont des résonances littéraires perceptibles. Ainsi, le lecteur curieux peut retrouver, dans les vers attribués à Dupuis, des échos précis d'un poème publié dans les œuvres de Saint-Évremond ; dans la première lettre de Manon (pp. 39-40) et plus encore dans les lettres de Clémence de Bernay, il peut reconnaître l'empreinte des *Lettres portugaises* et les accents caractéristiques du style passionné dont l'œuvre de

Guilleragues avait apporté le modèle ; le lecteur perspicace enfin peut relever que l'auteur s'est gardé de garantir l'authenticité de la lettre que Monsieur de Terny écrit sous le nom de Gauthier, sans doute parce que la coïncidence entre la situation de Manon et celle de Clémence d'où naît le malentendu révèle trop bien l'habileté du romancier à créer l'équivoque.

Un même jeu ambigu se décèle dans les déclarations touchant aux personnages et à leurs aventures. L'auteur, qui affirme parler « de source » et ne rien dire qui ne soit vrai (p. 4), déclare dans le même temps ne pas avoir connu ses héros et ses héroïnes, ce qui revient à dire, ou à donner à entendre, qu'ils sont à la fois tirés de la réalité et recréés par l'écriture. Dans sa correspondance avec les rédacteurs du *Journal Littéraire* de La Haye, Challe se montrera plus explicite, affirmant qu'il s'est efforcé de peindre Silvie « telle qu'elle était » (lettre du 30 décembre 1713) et révélant que Madame de Contamine « est encore en vie, mais bien vieille » (22 janvier 1714). Ces précisions sont absentes de la préface des *Illustres Françaises*, où le romancier, très discret sur ses sources, s'attache avant tout à éveiller la curiosité de ses lecteurs, sans jamais dissiper le mystère et l'ambiguïté dont s'entourent les rapports de la fiction et du réel.

Le sourire de l'équivoque se glisse dans la formulation elle-même lorsque Challe écrit : « J'ai affecté la simple vérité » (p. 4). *Affecter* signifie, selon Furetière, « aimer, souhaiter quelque chose avec empressement et ostentation ». Mais si *l'affectation* est bien l'expression d'une recherche, d'une aspiration, d'un désir, elle peut devenir aussi une feinte, un paraître trompeur, un faux-semblant, comme le montre, parmi bien d'autres emplois classiques relevés par Littré, cette question de Théramène dans la scène d'ouverture de *Phèdre* : « Mais que sert d'affecter un superbe discours ? » (1,1, v. 127). L'affirmation du romancier peut donc signifier qu'il s'est attaché à suivre avec exactitude la leçon des faits, ou qu'il s'est employé à créer l'impression du naturel et du vrai. Entre la fidélité au réel et le mensonge romanesque, l'ambiguïté de l'histoire véritable est maintenue, et si elle invite le lecteur à céder au plaisir de l'illusion, elle n'interdit pas d'apprécier l'efficacité d'un art capable de donner à la fiction les couleurs de la vie.

En laissant au lecteur la liberté d'appeler cette fiction *roman* ou *histoires*, Challe entretient cette indécision fondamentale. Que l'on retienne la leçon des premières éditions, « mon roman *et* mes histoires », ou la correction introduite à partir de 1720, « mon roman *ou* mes histoires », qui offre un texte plus satisfaisant, on constate que l'auteur, en refusant de s'arrêter à une dénomination définie, a marqué ses distances par rapport aux conventions narratives pour mieux affirmer sa liberté d'écrivain.

En dévoilant ses choix, le romancier lève le masque : situer les aventures sur la scène parisienne, prêter aux personnages des noms français, donner à chaque histoire une orientation morale précise, prendre ouvertement quelques libertés avec la chronologie, revendiquer la nouveauté des sujets traités, adopter un style « purement naturel et familier », inventer une entrée en matière vivante qui rompe avec les artifices d'une « économie de roman » (p. 6), offrir au jugement du public une œuvre présentée comme un essai (« ce premier effort de ma plume ») et promettre, en cas de réussite, une suite qui soit « digne de curiosité » (p. 5), ces multiples expressions de l'autorité de l'écrivain révèlent dans *Les Illustres Françaises* une œuvre d'art maîtrisée.

Un examen attentif des choix du romancier montre qu'il a su tirer des efforts de ses devanciers des leçons personnelles.

Ainsi, le décor parisien des *Illustres Françaises* confirme la prédilection des nouvelles à sujets contemporains pour un cadre à la fois prestigieux et familier à beaucoup de lecteurs. Encore convient-il d'observer que l'attention d'auteurs comme Donneau de Visé ou Préchac se portait beaucoup plus sur la chronique galante de la capitale que sur un décor parisien qu'ils se souciaient peu d'évoquer avec précision. « Paris est un si grand théâtre », écrivait Préchac dans ses *Nouvelles galantes du temps et à la mode*, en 1680, « et il s'y passe tous les jours tant de scènes différentes, que le lecteur ne doit pas être surpris si je prends la plupart des incidents de mes nouvelles dans cette grande ville, sans me donner la peine de m'informer de ce qui se fait ailleurs » (t. II, p. 41). L'attitude de Challe est doublement différente : d'abord parce qu'il a puisé en partie son inspiration, à l'en croire, dans la chronique provinciale (ce que vérifie l'*Histoire de Monsieur de Contamine et d'Angélique*) ; ensuite et surtout parce qu'il a tiré de l'évocation précise des lieux, comme on le verra, des effets d'illusion renforcés.

En ce qui concerne les noms de ses personnages, Challe, en 1713, ne peut plus présenter comme une innovation le fait d'avoir donné des noms français aux figures qu'il met en scène : dès 1670, Subligny avait ouvert la voie dans *La Fausse Clélie* en se targuant d'avoir introduit par là une « nouvelle façon d'écrire ». Mais l'auteur des *Illustres Françaises* ne manque pas d'attirer l'attention sur les diminutifs comme Manon ou Babet qu'il a prêtés à ses héroïnes (on pourrait encore citer Mademoiselle Nanette, devenue Madame de Londé, ou le tendre Madelon appliqué par Des Prez, p. 238 et p. 287, à Mademoiselle de l'Épine), soulignant la double valeur – réaliste et morale – de ces prénoms familiers qui témoignent, selon Challe, d'une époque où la simplicité réglait les usages de la bonne société. Même si le procédé n'est pas sans précédent (pensons par exemple aux *Lettres de Babet* de Boursault, qui voient le jour en 1669 et sont regroupées en 1683), il reste que l'introduction de cette note de réalisme familier dans le cadre romanesque apporte un effet accentué de naturel et de simplicité.

On n'est pas obligé de croire Challe lorsqu'il affirme avoir fait exprès des fautes d'anachronisme (p. 3). En réalité, ces flottements témoignent plus sans doute de la difficulté à coordonner une chronologie complexe que du souci de brouiller les pistes en vue d'égarer les lecteurs trop curieux. On aura aussi du mal à admettre que la liaison des histoires soit fondée sur la première idée venue (p. 6), quand tout montre au contraire que l'organisation interne du livre ne doit rien au hasard. La désinvolture apparente du romancier, en l'occurrence, a surtout pour effet de masquer le calcul, afin d'éloigner au maximum le soupçon d'une composition artificielle et apprêtée, d'une « économie de roman ». Mais Challe a soin d'attirer l'attention par là même sur l'originalité d'une structure qui associe dans un ensemble complexe, mais cohérent, des histoires « qui n'ont rien d'obscur, ni d'embrouillé, parce que tout s'y suit ».

Pour ce qui est du style, le rapport de nécessité que Challe établit entre la vérité des aventures rapportées et la simplicité de l'écriture est, depuis un demi-siècle, une des lois de la nouvelle, qui s'est délibérément éloignée du style soutenu et orné des grandes fictions héroïques. Rien de très original par conséquent dans l'affirmation de principe selon laquelle le narrateur, rapportant des vérités « qui ont leurs règles toutes contraires à celles des romans » (p. 4), a été tenu d'employer « un style purement naturel et familier » : c'est un écho direct de la préface des *Nouvelles galantes, comiques et tragiques*, où Donneau de Visé invitait le lecteur que la simplicité du style de ses nouvelles aurait pu surprendre à « se ressouvenir que ces sortes d'ouvrages n'étant que des récits de choses plus familières que relevées, le style en doit être aussi aisé et aussi naturel que serait celui d'une personne d'esprit qui ferait agréablement un conte sur-le-champ ». Challe ne dit pas autre chose. Sa véritable originalité, on le verra, est d'avoir mis en œuvre ce principe d'une manière bien plus audacieuse, en rapprochant la langue du roman de l'usage oral et familier de la ville, là où la nouvelle restait généralement attachée aux élégances de la langue galante.

On peut être surpris enfin par l'insistance avec laquelle le romancier a tenu à éclairer les leçons morales que l'on peut tirer de chaque histoire. Cette insistance révèle le souci, qui n'est pas propre à Challe, de répondre aux accusations de frivolité et d'immoralité qui pèsent sur le roman, surtout lorsque la fidélité au réel conduit à peindre les faiblesses et les fautes d'un monde livré au plaisir, à l'intérêt et aux passions. Dans ce procès en moralité du réalisme, Challe prend le contre-pied des adversaires du roman en affirmant que la morale que l'on peut tirer de son ouvrage est d'autant plus naturelle, chrétienne et sensible, qu'elle se déduit de faits conformes à la vérité, à la réalité du monde et des hommes, au « commerce de la vie ». Quant aux leçons que l'auteur propose dans sa préface, il n'est pas sûr qu'elles épuisent les questions soulevées par chaque histoire et par les échos qui s'établissent de l'une à l'autre ; mieux vaudrait sans doute y voir, à cet endroit du livre, un moyen d'éveiller la curiosité du lecteur et de mettre en valeur la diversité, la richesse et la qualité de l'ouvrage : souligner la portée morale du roman, c'est aussi, ne l'oublions pas, en confirmer la dignité artistique.

Au terme de cette analyse, on relèvera que l'invitation à découvrir la vérité, la nouveauté et l'intérêt moral des *Illustres Françaises* n'instaure pas seulement une sorte de pacte de lecture entre le romancier et son public. La préface des *Illustres Françaises* est aussi pour R. Challe le lieu où le romancier peut affirmer librement sa présence et rappeler que le roman est une œuvre d'art maîtrisée, tournée vers l'expression de la vie, capable d'intéresser, d'émouvoir et de nourrir la réflexion : grâce au procédé du récit encadré, la présence attentive des auditeurs confirmera, tout au long de ce roman, ce pouvoir de la fiction que la préface invite à reconnaître. C'est la preuve que l'auteur des *Illustres Françaises* a vu dans le roman autre chose qu'un divertissement frivole, et qu'il a placé dans la composition de son ouvrage de hautes ambitions d'écrivain.

CHAPITRE III

EXPOSITION ET MISE EN SCÈNE

La recherche de l'illusion dans *Les Illustres Françaises* engage l'écriture romanesque sur les voies du naturel. Mieux que la notion de *réalisme*, que la pratique des romanciers de la seconde moitié du XIXᵉ siècle a orientée vers la peinture objective de la réalité quotidienne, la notion de *naturel* traduit la pente dominante d'un roman qui tend à donner à un univers recréé par l'imagination les couleurs de la vie. Caractériser l'art du romancier R. Challe, c'est donc s'attacher avant tout à mettre en évidence les moyens mis en œuvre pour créer l'impression de naturel.

L'ouverture du roman apporte un premier exemple caractéristique d'une composition qui associe étroitement l'effet de liberté et le calcul. Un passage des *Difficultés sur la religion*, en apparence bien éloigné des préoccupations du romancier, nous livre peut-être la clé de cette exposition.

Challe, qui entend préserver la notion fondamentale de libre-arbitre, rejette conjointement l'idée de hasard et celle de prédestination. Pour l'auteur des *Difficultés sur la religion*, le hasard n'est rien d'autre que le masque de notre ignorance :

« Tout ce que nous disons qui arrive par hasard est la suite d'un enchaînement aussi sûr, aussi efficace qu'aucune de nos actions faite avec toute la délibération possible[1] ».

Toutefois, cet enchaînement des circonstances, cet ordre naturel des causes et des effets échappe à notre compréhension, et de ce défaut de lumière naît l'idée d'incertitude et de hasard.

À l'appui de sa démonstration, Challe apporte l'exemple de la rencontre inopinée de deux amis « au coin de la rue Saint-Merry » (on se souviendra que Des Ronais et Des Frans, au début des *Illustres Françaises*, se rencontrent non loin de là, dans un embarras de carrosses rue de Gesvres, près du pont Notre-Dame). Parlera-t-on d'heureux hasard ?

> « Un cagot, écrit Challe, ne manquerait pas de dire que c'est un miracle de la providence (...)[2] ».

À la vérité, cette rencontre imprévue était infaillible et dans « l'ordre naturel » des choses, pour qui connaît les circonstances ayant conduit à cette situation.

L'exemple de la rencontre de deux amis nous renvoie à l'ouverture des *Illustres Françaises*, dont Challe, dans sa *Préface*, nous dit que l'idée s'est offerte naturellement à son esprit. La récurrence du thème montre en tout cas qu'il s'agit-là d'une situation qui a sollicité la réflexion de l'auteur, et l'on réduirait sans doute la signification de la rencontre de Des Frans et de Des Ronais si l'on se bornait à y voir un moyen commode de dérouler, à partir des retrouvailles amicales, les confidences en chaîne qui viendront combler le vide créé par plusieurs années de séparation. Pour Challe, cette rencontre est une situation significative, qui place l'ouverture du roman sous le double signe du hasard apparent et de la nécessité cachée : la route de Des Frans et de Des Ronais était tracée, ils ne pouvaient pas ne pas se rencontrer.

---

1. *Difficultés sur la religion proposées au père Malebranche*, édition critique de Frédéric Deloffre et Melâhat Menemencioglu, Paris, Jean Touzot, 1983, *Quatrième cahier*, p. 335.
2. *Ibid.*, p. 336.

Si la rencontre initiale des *Illustres Françaises* s'éloigne d'une « économie de roman », comme le précise la *Préface*, ce n'est donc pas seulement parce que l'auteur l'a entourée de circonstances familières qui créent l'effet de naturel ; c'est aussi parce que cette scène de la vie quotidienne est l'illustration même d'un « ordre naturel » des choses, qui rompt avec les rencontres providentielles de la tradition romanesque.

Que cet ordre secret des événements, dans l'univers de la fiction, procède de la volonté du romancier qui a tracé la route de ses personnages, c'est évident : mais l'important est que cette tutelle de l'auteur s'oublie, de sorte que l'action donne le sentiment de se dérouler, à l'image de la vie, selon un enchaînement naturel des événements qui n'exclut pas la surprise, mais d'où le hasard est banni. En faisant du naturel sa loi, le roman s'oblige à donner au développement de l'action un caractère de nécessité : le naturel appelle la rigueur.

Cette alliance du naturel et de la rigueur est confirmée par la maîtrise avec laquelle est mise en œuvre, dans *Les Illustres Françaises*, la technique des récits encadrés. Challe aurait pu se borner à offrir un recueil de nouvelles séparées, à l'exemple des *Nouvelles Françaises* de Sorel, des *Nouvelles tragi-comiques* de Scarron, des *Nouvelles galantes du temps et à la mode* de Préchac. En choisissant de faire raconter ses histoires par différents narrateurs devant un auditoire attentif, le romancier reprend une formule que Marguerite de Navarre, à l'imitation de Boccace, avait illustrée dans *L'Heptaméron*, et qui avait été exploitée au XVIIᵉ siècle par plusieurs auteurs : Du Souhait dans ses *Histoires comiques*, Segrais dans ses *Nouvelles françaises*, Subligny dans *La Fausse Clélie*, Le Noble dans *Le Gage touché*, avaient utilisé cette formule des nouvelles encadrées, qui apportait à la narration des histoires une justification vivante et permettait d'enrichir les récits du commentaire des auditeurs.

Challe n'a donc pas eu à inventer un mode de présentation dont ses prédéceseurs avaient révélé l'intérêt ; mais il en exploite plus pleinement les ressources et donne au procédé une portée renouvelée.

Le premier effet du récit-cadre est d'inscrire les histoires racontées dans un décor précis et dans un milieu vivant et familier. Les deux premières histoires des *Illustres Françaises* sont contées par Des Ronais à son ami Des Frans dans la maison du conseiller ; la troisième histoire est narrée par le héros, Terny, chez Manon Dupuis, devant une compagnie plus nombreuse : outre Manon, Monsieur de Terny et sa jeune femme (laquelle, du reste, se retire assez rapidement, p. 150, pour ne pas avoir à rougir des lettres un peu vives que révèle son mari), sont présents Des Frans et Des Ronais, Madame de Contamine et Madame de Mongey ; après le départ pour Versailles de Monsieur de Terny et de sa femme et la rentrée de Dupuis, Des Frans est invité à raconter la quatrième histoire, celle de Jussy et de Babet Fenouil ; c'est Dupuis qui, le même soir, raconte l'histoire de Monsieur Des Prez et de Mademoiselle de l'Épine, alors que la compagnie s'est regroupée autour du lit de Madame Dupuis sa mère ; le lendemain, le groupe se retrouve pour « dîner » (comprenons : pour déjeuner) chez Madame de Contamine : Jussy et sa jeune femme ont rejoint la compagnie où sont réunies cinq figures féminines (Madame de Contamine, Manon Dupuis, Madame de Jussy, Madame de Mongey et Madame de Londé) et cinq figures masculines (Contamine, Des Ronais, Jussy, Des Frans et Dupuis), et c'est devant ce groupe élargi que Des Frans raconte son aventure douloureuse avec Silvie ; le lendemain enfin, cette société amicale est reçue par Des Ronais : le déjeuner réunit dans la joie tous les membres du groupe, puisque Monsieur et Madame de Terny ont rejoint leurs amis (p. 438) ; mais Madame de Londé et Manon s'éclipsent avant que Dupuis ne commence son récit.

Challe a donc varié la mise en scène de ses histoires : les deux premières sont contées sur le mode de la confidence, les cinq autres s'adressent à un auditoire plus nombreux. On observe en outre que la dernière histoire retrouve le décor des deux premières, la maison de Des Ronais, ce qui contribue à donner à l'ensemble une structure fermée. Il est à noter aussi que Challe s'est attaché à préserver la liberté d'expression des narrateurs en modifiant la composition du groupe des auditeurs : l'intimité de la confidence à Des Frans permet à Des Ronais d'avouer librement une liaison dont sa réputation pourrait souffrir et d'imputer à Manon une trahison qu'il serait indélicat de révéler publiquement ; cette même situation autorise Des Ronais, dans la deuxième histoire, à faire part à Des Frans des questions et des doutes que lui inspire la conduite d'Angélique ; le départ de Madame de Terny, dans la troisième histoire, rend au narrateur (et donc au romancier) la liberté de s'exprimer ouvertement et de dévoiler des lettres passionnées qui étaient destinées au secret d'un commerce intime (pp. 150-151) ; enfin, la sortie de Madame de Londé et de Manon dans la septième histoire ménage doublement les bienséances : d'une part, les aventures libertines de Dupuis n'auront pour auditrices que des femmes mariées et ne seront pas révélées en présence de sa maîtresse ; d'autre part, comme le rappelle le romancier dans sa *Préface*, il importe que le forfait de Gallouin soit rapporté en l'absence de sa sœur. Mais sitôt achevé l'épisode de la veuve (p. 535), la belle Manon rejoint la compagnie pour entendre le récit des amours de Dupuis et de Madame de Londé. Il ressort de toutes ces observations que Challe a accordé l'attention la plus précise à la liaison entre les histoires et leur encadrement.

Ce soin du romancier nous invite en retour à apprécier l'importance romanesque nouvelle qu'il donne au récit-cadre. Un peu comme dans le procédé de « la pièce dans la pièce » au théâtre, la mise en scène des histoires racontées dévoile les conditions concrètes de la narration. La présence du narrateur donne au récit en style direct un timbre personnel, la couleur authentique de la parole vivante, et l'expressivité du récit parlé se renforce des indications qui peignent le geste, l'attitude et l'émotion du récitant : pensons notamment à la douleur de Des Frans, qui se laisse tomber de faiblesse au terme de son histoire (p. 429). Quant à la présence du ou des auditeurs, elle rappelle que les nouvelles des *Illustres Françaises* répondent à la curiosité de ceux qui les écoutent. À travers les dialogues qui s'établissent entre le narrateur et le public, la nouvelle affirme aussi son caractère d'échange vivant, et cet effet de vérité trouve son expression la plus forte lorsque, dans les deux dernières histoires, le narrateur introduit une pause dans un récit trop long, ce qui permet à Challe de se démarquer ouvertement des conventions romanesques : « il faut être plus héros de roman que je ne suis pour conter une histoire si longue d'un seul trait », déclare Des Frans (p. 360) ; « faisons une pause ». Enfin, la présence des auditeurs conduit à mettre en valeur les pouvoirs du récit en révélant les réactions qu'il suscite – intérêt, surprise, émotion, réflexions –, donc de révéler les ressources et l'efficacité d'un art de conter dont les différents narrateurs, tels les solistes dans l'œuvre concertante, sont les brillants représentants.

Mais le rôle des auditeurs ne s'arrête pas là. En vertu de la connaissance qu'ils ont des acteurs et des faits, ils sont aussi les garants de la vérité du récit : ils peuvent en confirmer l'exactitude (à l'exemple de Des Ronais soulignant la fidélité du portrait physique de Silvie, p. 311) ou en corriger les erreurs (pensons à la défense de Silvie par Dupuis, p. 361, ou à l'intervention de Des Ronais à propos de la mort de Rouvière, p. 374). Contrairement à la fiction historique, l'histoire véritable chez R. Challe n'emprunte pas ses preuves à l'Histoire extérieure, elle trouve en elle-même les gages de sa crédibilité.

Conformément à la tradition des nouvelles encadrées, les histoires racontées appellent le commentaire. Chacun réagit différemment, et cette diversité des points de vue invite le lecteur à former son propre jugement. L'histoire de Monsieur Des Prez et de Mademoiselle de l'Épine apporte un bon exemple de commentaire ouvert : Madame de Londé, à l'issue de la narration, accorde une pitié nuancée à Des Prez, estimant qu'« il est plus digne de compassion que de blâme » (p. 289) ; Madame de Mongey témoigne d'une sensibilité plus forte en jugeant que les deux amants sont à plaindre et « ne méritaient point tant de malheurs » ; quant à Madame de Contamine, la pitié qu'elle ressent ne l'empêche pas de juger avec sévérité les mariages clandestins. De manière analogue, l'attitude de Des Frans vis-à-vis de Silvie est commentée diversement par Monsieur de Contamine, Des Ronais et Jussy (pp. 429-430) : en ouvrant par ce dialogue fictif un débat sur l'honneur conjugal, Challe invite à la réflexion, tout en respectant la liberté d'appréciation du lecteur.

Le romancier, du reste, s'est gardé de développer à l'excès les commentaires, qui gardent toujours la forme d'une conversation spontanée. Le souci du naturel en revanche le conduit, de manière plus originale, à rappeler dans le cours même des histoires, les réactions des auditeurs. Ainsi, Madame de Mongey ne peut s'empêcher de manifester sa surprise en apprenant que Des Frans a été marié (p. 312). Notons encore que la douleur provoquée chez Des Prez par la lecture de l'ultime billet de Mademoiselle de l'Épine se communique à Dupuis, et que ce dernier, à ce moment pathétique, interrompt sa narration pour constater que les auditeurs sont à leur tour gagnés par l'émotion (p. 286) : appuyant discrètement la remarque du narrateur, la voix du romancier vient confirmer que la compagnie « en effet avait les larmes aux yeux ». C'est encore le romancier qui, au terme de l'histoire de Des Frans et de Silvie, signale que tous ceux qui ont écouté ce récit émouvant ont « les yeux baignés de larmes » (p. 429), ou qui note, au cours de la septième histoire, que les sanglots de Des Frans et les pleurs de toute la compagnie interrompent la révélation par Dupuis des confidences de Gallouin (p. 550) ; et si le romancier intervient encore dans l'histoire de Dupuis pour annoncer, par le rire de Des Frans, le comique de l'aventure du Pont-Neuf (p. 470), c'est le narrateur lui-même qui relève les rires de la compagnie au moment le plus piquant du récit (p. 471).

L'intérêt des auditeurs est d'autant plus vif qu'ils connaissent les personnages dont ils entendent les aventures et qu'ils ont été eux-mêmes souvent mêlés aux histoires rapportées. Ainsi se tissent entre les récits et l'histoire-cadre, comme entre les différentes histoires racontées, des liens multiples qui donnent à l'œuvre une forte unité. Par rapport à tous les recueils de nouvelles parus antérieurement, cette recherche de liaison et de cohérence constitue sans doute un des aspects les plus neufs de la technique romanesque dans *Les Illustres Françaises*. C'est par là en effet que l'œuvre de R. Challe cesse d'être un simple recueil de nouvelles encadrées pour se transformer, selon la belle formule de René Démoris, en « roman concertant »[3].

3. René Démoris, *Le Roman à la première personne*, A. Colin, 1975, p. 307.

CHAPITRE IV

DES NOUVELLES ENCADRÉES
AU ROMAN CONCERTANT

Dès le départ du roman, la rencontre de Des Frans et de Des Ronais lance le mouvement du récit : des noms sont évoqués, des histoires annoncées ; Dupuis est le premier à rendre visite à un ami cher qu'il retrouve avec émotion (p. 14) ; le mystère qui entoure le drame de Des Frans, de Silvie et de Gallouin polarise l'attention ; on est curieux aussi de connaître l'histoire de Monsieur de Jussy et de la belle Babet Fenouil (p. 16), ou bien encore l'histoire de Des Prez et de Mademoiselle de l'Épine, qui est évoquée incidemment dans la première nouvelle (p. 32) ; on apprend que Dupuis doit épouser prochainement la sœur de Gallouin, Madame de Londé ; un peu plus tard, la révélation du malentendu qui a créé la brouille entre Des Ronais et Manon Dupuis introduit, avec les personnages de Monsieur de Terny et de Clémence de Bernay, une nouvelle aventure qui devra être contée à son tour pour rétablir la vérité ; enfin, l'arrivée d'Angélique chez Manon Dupuis pendant la visite de Des Frans (p. 74) achève de mettre en place les six histoires qui suivront la confidence de Des Ronais.

Challe, on le voit, a l'art d'éveiller la curiosité de ses lecteurs. Tout un groupe d'amis et de relations se dessine, les acteurs principaux sont présentés, les fils qui les unissent se révèlent, les narrations sont annoncées, et ces récits apparaissent d'autant plus naturels qu'ils sont appelés par la curiosité des personnages qui se retrouvent après plusieurs années de séparation.

Les nouvelles vont donc permettre de faire le lien entre le passé et le présent, au point que quatre d'entre elles (celle de Des Ronais, de Jussy, de Des Frans et de Dupuis) trouvent leur conclusion dans le présent du récit-cadre.

Pour créer ces liaisons internes entre les différentes histoires, d'une part, et, d'autre part, entre les histoires et le récit-cadre, le romancier a tissé entre ses personnages des liens de familiarité, d'amitié ou de parenté qui tendent à resserrer l'univers romanesque sur un groupe social relativement homogène. Le lecteur découvre d'abord la diversité des personnages qui le composent (au risque d'être déconcerté, comme le souligne la *Préface*, par une entrée assez complexe, et qui peut paraître embrouillée) ; mais l'auteur a su marquer avec suffisamment de netteté l'identité de ses personnages et les relations qui les unissent pour que le lecteur se familiarise assez vite avec cette société animée dont les principales figures se retrouvent dans l'histoire-cadre.

Les liaisons internes sont parfois assez lâches. Ainsi, l'amitié qui lie Des Frans à Jussy et Dupuis à Des Prez suffit à rattacher la quatrième et la cinquième nouvelle à la chaîne des histoires ; mais Challe a eu soin de marquer que ces aventures et leurs héros ne sont pas tout à fait inconnus des autres personnages : l'histoire de Mademoiselle de l'Épine est d'abord évoquée par le vieux Dupuis (p. 32), et Madame de Contamine signalera (pp. 217-218) que cette malheureuse héroïne était connue de toute la compagnie ; quant à Jussy, il apparaît dès la première mention de son nom que Des Ronais et Dupuis le connaissent (p. 16), et le romancier s'est même plu à imaginer que Jussy aurait été en relations d'affaires avec Madame de Contamine mère (p. 293) : cette précision, qui n'est appelée par aucune nécessité narrative, n'en révèle que plus fortement le souci de relier les histoires entre elles, fût-ce par des liens assez factices.

Cet exemple n'est pas isolé. Ainsi, dans l'histoire de Des Frans, un personnage épisodique, Monsieur de Querville, est présenté comme le beau-frère de Des Prez (p. 326), ce qui confirme une indication incidente de l'histoire précédente où Des Prez, après la mort de sa jeune femme, se retirait en Normandie chez son beau-frère, ce même Monsieur de Querville (pp. 286-287). On observera encore que Célénie, dans l'histoire de Dupuis, est présentée par le narrateur comme une figure connue de toute la compagnie (p. 464), de même que ses sœurs (p. 465). Même si ces liens sont faibles, ils contribuent à inscrire les nouvelles et l'histoire-cadre dans un univers familier, dont la cohérence est rappelée par ces échos internes.

Les liens narratifs les plus forts naissent de la participation des mêmes personnages à plusieurs aventures différentes. Ainsi, Manon Dupuis tisse un lien de continuité entre les trois premières nouvelles. Héroïne de la première histoire, elle intervient aussi dans l'histoire d'Angélique qui, très jeune, servait chez sa mère ; par le biais d'une amie de couvent qui loge dans la même maison qu'Angélique, Manon retrouve celle qu'elle avait connue enfant (p. 111) ; elle recueillera ses confidences et jouera du reste un rôle dans cette histoire, en servant d'intermédiaire entre Angélique et l'hôtel de Cologny. Pour rendre cette intervention plus vraisemblable, Challe a imaginé des liens de parenté et d'amitié entre Manon et Mademoiselle de Vougy, fille d'honneur de la princesse de Cologny (p. 120) : cette précision tardive, qui renchérit sur le début de l'histoire où Madame de Vougy était seulement présentée comme « une des bonnes amies » de la mère de Manon (p. 84), prouve une fois encore que Challe n'a pas ménagé ses efforts pour faire le lien entre l'histoire de Manon et celle d'Angélique. Enfin Manon intervient dans la troisième histoire, celle de Monsieur de Terny, où l'amitié qui l'unit depuis les années de couvent à

Clémence de Bernay la conduit naturellement à jouer le rôle de confidente de l'héroïne et d'intermédiaire entre les amants séparés.

Le personnage de Madame de Mongey permet aussi d'assurer la liaison entre l'histoire de Jussy et celle de Des Frans : l'amour de Jussy pour Babet Fenouil l'ayant conduit à rompre sur de mauvais prétextes les préparatifs de son mariage avec Mademoiselle Grandet, celle-ci est conduite à épouser, pour son malheur, Monsieur de Mongey, avant de retrouver Des Frans, qu'elle aime depuis longtemps. Pour créer ce lien sentimental, Challe a imaginé que Des Frans, empêché par la maladie d'exercer son emploi de directeur des Aides dans un bureau de province, avait été remplacé par le frère de Madame de Mongey (p. 307) : la seule fonction de ce personnage étant de mettre en relation Des Frans et Madame de Mongey, il ne reste plus au romancier qu'à le faire mourir et à prêter à Des Frans « un sensible regret de sa mort » (*ibid.*).

Le personnage de Gallouin enfin, frère de Madame de Londé, établit une liaison forte entre l'histoire de Des Frans, où il crée le drame en séduisant Silvie, et l'histoire de Dupuis où sont révélés à la fois ses frasques de débauché et sa passion pour les secrets qui « passent la nature », la manière dont il a triomphé de Silvie, son repentir, sa retraite religieuse et les circonstances étranges de sa mort, laquelle a retardé le mariage de Dupuis et de Madame de Londé.

Les liaisons internes créées par le retour des personnages trouvent leur expression la plus forte dans les effets d'interaction que Challe a introduits entre la première et la troisième histoire, et entre la sixième et la septième : dans le premier cas, l'histoire de Terny et de Clémence dissipe le malentendu qui a suscité la brouille entre Des Ronais et Manon ; dans le second cas, le récit de Dupuis apporte à Des Frans la vérité sur Silvie ; mais cette révélation différée de l'innocence de l'héroïne vient trop tard, puisque Silvie est morte, et cette justification posthume apporte à Des Frans la sanction douloureuse de son erreur.

Ce parallélisme entre l'aventure de Des Ronais et celle de Des Frans est discrètement suggéré par le texte lorsque Des Frans, au terme de la confidence de son ami (p. 69), se refuse à penser que Manon soit infidèle, à l'image de ce que Silvie est à ses yeux, « la plus fourbe et la plus scélérate fille qui soit au monde ». L'unité de l'ouvrage n'est donc pas seulement fondée sur les liens extérieurs entre les personnages, sur leur participation à des aventures différentes et sur leur présence dans l'histoire-cadre, sur la contiguïté, la rencontre et l'interaction des intrigues : au-delà de cette unité visible, une cohésion plus secrète est apportée par un certain nombre d'échos thématiques qu'il appartient au lecteur de découvrir et d'apprécier. Sans prétendre en épuiser l'analyse, on se bornera à observer que, de l'histoire de Des Ronais à celle de Des Frans, un thème commun, celui des apparences trompeuses et de la fausse infidélité, a trouvé deux expressions contrastées : si l'infidélité apparente de Manon se résout en une simple comédie du malentendu et du dépit amoureux, l'adultère innocent de Silvie en revanche conduit à la souffrance et à la tragédie du bonheur détruit. On notera encore que la victoire de la vertu illustrée par le bonheur et la fortune d'Angélique s'oppose à l'échec douloureux de Silvie et de Mademoiselle de l'Épine, qui révèle toute la puissance pathétique du thème de l'innocence persécutée. On remarquera enfin que, dans l'histoire de Monsieur de Jussy comme dans celle de Monsieur de Contamine, un obstacle de même nature, la distance sociale liée à l'inégalité des fortunes, contrarie le bonheur des amants ; mais d'une histoire à l'autre, la situation s'inverse, et si Angélique doit faire oublier sa pauvreté, Babet Fenouil apporte à Jussy l'aide matérielle qui lui permettra de s'élever jusqu'à elle.

À l'agrément de la diversité, qui fait traditionnellement l'attrait des recueils de nouvelles, Challe a donc joint, dans ses *Illustres Françaises*, la force de l'unité, qui donne à l'univers romanesque cohérence, vérité et profondeur. Cette unité du « roman concertant » révèle une œuvre d'art soigneusement concertée. L'analyse du temps et de l'espace, de l'action, de la présentation des personnages et du style permettra de vérifier cette maîtrise de romancier.

CHAPITRE V

LE RÔLE DU TEMPS

L'effet de vérité que recherche le romancier appelle une mise en situation précise de la fiction dans le temps. Mais, par rapport à la simple narration d'une aventure achevée, donc inscrite dans un passé révolu, la construction des *Illustres Françaises* implique une chronologie plus complexe.

À partir d'un présent de l'écriture, qui correspond à la situation du romancier-narrateur, une première distance se creuse, celle qui sépare le temps de l'énonciation du temps de l'action décrite dans l'histoire-cadre ; et par rapport à ce temps du récit d'encadrement, qui constitue le présent des personnages, chaque histoire racontée s'inscrit dans un passé plus ou moins éloigné et dans une durée variable.

Pour apporter quelque clarté à l'analyse, il importe donc de distinguer trois plans : le temps du romancier, le temps de l'histoire-cadre, le temps des aventures.

Le temps du romancier, autrement dit le présent de l'écriture, échappe à toute datation précise : nous ne savons pas exactement à quelle époque *Les Illustres Françaises* ont été composées, et l'on peut seulement conjecturer que ces histoires, que l'auteur, au début de sa *Préface*, déclare avoir mises par écrit « à (ses) heures perdues », ont été rédigées vers 1711-1712, à la suite des *Difficultés sur la religion*. Toutefois, ce temps de l'énonciation apparaît incidemment dans le texte lorsque le romancier, décrivant le mouvement de la compagnie vers la chambre de Madame Dupuis, après la relation de l'histoire de Jussy, intervient ouvertement dans le récit pour différer d'autorité la révélation des propos échangés en aparté par Manon Dupuis, Madame de Contamine et Des Frans : « (...) ils se parlèrent fort bas, quoique avec beaucoup d'action (= gestes traduisant l'animation, l'ardeur). Nous dirons une autre fois quel était le sujet de leur conversation qui fut assez longue » (p. 219). Sans aller jusqu'à confondre, comme l'avait fait Scarron dans *Le Roman comique*, le temps de la narration et le temps de l'action, Challe sort ici de sa réserve ordinaire pour affirmer sa maîtrise de l'organisation et du rythme du récit. Au moment où la compagnie se regroupe dans la chambre de Madame Dupuis, priorité est donnée à l'histoire de Monsieur Des Prez et de Mademoiselle de l'Épine que Dupuis s'apprête à conter, et ce choix narratif conduit le romancier à créer un effet d'attente : la curiosité du lecteur sera satisfaite après le récit de Dupuis, p. 290, où l'on découvre que l'intervention de Manon et de Madame de Contamine auprès de Des Frans avait pour objet d'éclairer celui-ci sur les sentiments de Madame de Mongey. Mais au moment de cette révélation différée, la fiction a repris ses droits, l'auteur se dissimule derrière ses personnages, et c'est Des Frans lui-même qui confie à son ami Des Ronais le sujet de l'entretien. Il reste que, du début à la fin du roman, l'écrivain est présent dans le récit, assurant la présentation, la mise en scène et la liaison des histoires.

Cette présence du romancier rappelle la distance qui sépare le présent de l'écriture du temps de l'action retracée dans l'histoire-cadre. Dès le départ du récit, cette distance est marquée par la référence à une construction existante, le quai Pelletier (encore appelé Quai Neuf) ; l'indication permet de situer la rencontre de Des Frans et de Des Ronais dans les années antérieures à 1675, date à laquelle le prévôt des marchands, Claude Le Pelletier, avait fait construire ce beau quai qui allait du pont Notre-Dame à la place de Grève. Claude Le Pelletier n'était pas un mince personnage. Né en 1631, il avait été prévôt des marchands de la ville de Paris de 1668 à 1675, avant de devenir conseiller d'État ; il succéda à Colbert dans l'emploi de contrôleur général des finances en 1683 et fut remplacé dans cette haute fonction par Pontchartrain en 1689 ; mais il resta ministre d'État, en qualité de surintendant des postes et des relais de France, jusqu'en 1697, date à laquelle il s'éloigna définitivement de la cour. Au moment où paraissent *Les Illustres Françaises*, en avril 1713, Claude Le Pelletier était mort depuis moins de deux ans (10 août 1711). L'hommage du romancier n'a donc rien d'une flatterie intéressée : on reconnaît plutôt dans cet éloge l'expression d'une nostalgie de l'auteur, présente aussi dans ses *Mémoires*, pour une période révolue, antérieure à la venue aux affaires de Pontchartrain, que Challe déteste ; époque de prospérité, marquée par les embellissements de la capitale, et qui se confond avec les années de jeunesse de l'auteur, qui avait seize ans en 1675.

En situant l'action des *Illustres Françaises* dans la première partie du règne de Louis XIV, Challe s'est donc tourné vers un passé heureux, auquel il aime à prêter des couleurs idéales. On le voit bien dans la *Préface* où, à propos des diminutifs familiers attribués à plusieurs de ses héroïnes, le romancier s'est plu à exalter la sagesse et les vertus de cette époque révolue, pour mieux opposer à la « corruption du siècle » et aux prétentions ridicules de la bourgeoisie moderne les valeurs d'ordre, de simplicité et de respect des distinctions traditionnelles qui réglaient, selon lui, les anciens usages.

Si le retour sur le passé comporte une part de nostalgie, d'idéalisation et de rêve, l'écriture de la fiction prend appui sur une économie temporelle maîtrisée. Comme l'a montré Françoise Gevrey[1], l'histoire-cadre s'organise selon une chronologie rigoureuse. De la rencontre initiale entre Des Frans et Des Ronais à la relation des aventures de Dupuis, on peut suivre avec précision l'emploi du temps et les mouvements des personnages qui interviennent dans le récit d'encadrement. Mais il convient d'observer que c'est la quatrième histoire, celle de Jussy rapportée par Des Frans, qui apporte les indications les plus précises permettant de situer le départ du roman au début de la semaine, un lundi, et d'en suivre le déroulement, jour après jour, jusqu'à la réunion finale. C'est la confirmation, s'il en était besoin, que Challe a coordonné le récit de ses histoires avec le plus grand soin.

Entre la rencontre initiale de Des Ronais et de Des Frans « au bout de la rue de Gesvres » (p. 9) et la narration de la première histoire par Des Ronais, un intervalle de deux jours permet à Des Frans d'assister au mariage de son ami Jussy, qui est célébré « la nuit même de (son) arrivée (p. 13), à minuit (p. 213) ; le lendemain soir, un souper réunit la famille des époux et quelques amis, afin de révéler avec éclat le mariage, « ce qui se fit mardi dernier au soir » précise Des Frans (p. 214) ; le repas est suivi d'un bal qui s'achève tard dans la nuit, à trois heures du matin, le mercredi (p. 216).

Le retour de Des Frans chez Des Ronais se place donc bien, comme le signale l'auteur, « le troisième jour » après la rencontre initiale (p. 13). C'est un mercredi, et cette journée marque le début des relations, avec la confidence de Des Ronais à Des Frans. Challe a situé avec précision cette narration dans le temps : elle s'achève à cinq heures (p. 70), et Des Frans, en dépit de sa fatigue, se propose de rendre immédiatement visite à Manon Dupuis pour tenter d'éclaircir le malentendu qui a brouillé Des Ronais et Manon, mais Des Ronais n'accepte l'offre que pour le lendemain (*ibid.*). C'est donc le jeudi après-midi que Des Frans rend visite à Manon, chez qui il rencontre Angélique : ce qui conduit Des Ronais, à son retour, à lui conter l'histoire d'Angélique et de Monsieur de Contamine.

---

1. Françoise Gevrey, *L'Illusion et ses procédés*, J. Corti, 1988, chapitre III, pp. 146-172.

Le soir même, Des Ronais et Des Frans dînent chez Dupuis (p. 137). Le lendemain (il s'agit donc du vendredi), la compagnie se retrouve pour déjeuner chez Manon Dupuis, et l'après-midi est occupé par la relation de Monsieur de Terny ; en attendant le souper, Des Frans raconte l'histoire de Jussy ; le souper, offert par Dupuis, regroupe la compagnie autour du lit de sa mère (p. 219), et c'est l'occasion pour Dupuis de raconter la troisième histoire de la journée, celle de Des Prez et de Marie-Madeleine de l'Épine, qui conduit la compagnie à se séparer « extrêmement tard » (p. 290).

Le lendemain samedi, le groupe se retrouve chez Madame de Contamine et entend, après le déjeuner, la longue histoire de Des Frans, qui est coupée par une collation (p. 360). Le dimanche enfin, on déjeune chez Des Ronais, et, après le repas, Dupuis raconte ses aventures dont le récit, une fois encore, comporte une pause pendant laquelle la compagnie fait collation (p. 535).

Il est peut-être excessif de faire du récit encadrant un « heptaméron », comme y invite Françoise Gevrey[2], puisque la narration des nouvelles s'inscrit dans un cadre temporel plus restreint, du mercredi au dimanche. Mais à l'intérieur de ce cadre de cinq jours, la distribution des histoires est soigneusement ordonnée : de la confidence intime à la narration devant un groupe élargi, une gradation est créée ; par ailleurs, la présentation de trois histoires dans la même journée du vendredi permet d'équilibrer les récits autour de cette journée centrale selon un rythme régulier (2/3/2) ; enfin, le retour à la demeure de Des Ronais relie la dernière histoire à la première et ferme la boucle.

Cette structure maîtrisée révèle un romancier attentif à l'ordre, à l'équilibre et à l'unité. Mais la rigueur formelle ne relève pas seulement de l'habileté technique ; intimement liée à l'élan créateur, la forme ne se sépare pas de l'invention romanesque et répond à des exigences qui sont avant tout d'ordre poétique. À preuve les

---

2. *Ibid.*, p. 147.

résonances suggestives d'une construction qui prend appui sur le chiffre sept, dont on connaît la richesse symbolique : les sept journées de l'histoire-cadre comme les sept nouvelles qui s'y insèrent placent l'univers des *Illustres Françaises* sous le signe de la totalité, du cycle accompli, de la plénitude retrouvée[3]. On pourrait objecter à cette analyse le fait que Challe prévoyait d'augmenter ses *Illustres Françaises* de plusieurs histoires (histoire de Rouvière, de Querville, de Madame de Londé, et quelques autres encore) et que ce projet était suffisamment avancé en 1713 pour qu'il en parle avec assurance dans sa *Préface* et glisse des pierres d'attente dans son texte[4]. Mais il n'est pas interdit de penser que, si le romancier a renoncé à faire paraître ces augmentations alors que le succès de l'œuvre l'y invitait, c'est que l'unité du roman s'y opposait. Les éditeurs hollandais et français, après la mort de Challe, n'auront pas les mêmes scrupules ; l'auteur des *Illustres Françaises*, pour sa part, a su respecter la cohérence artistique d'une composition où la rigueur géométrique et la poésie symbolique conjuguent leurs effets.

Par rapport à l'histoire-cadre, qui constitue le présent des personnages, les aventures rapportées appartiennent à un passé proche : associées aux indications de la chronologie interne, quelques références à des événements historiques permettent de cerner ce passé avec plus ou moins de précision.

Ainsi, le récit de Des Ronais nous apprend que Dupuis, le père de Manon, a été grièvement blessé au siège de Charenton : cet événement marquant de la première Fronde renvoie à la date du 8 février 1649 (p. 21) ; c'est alors que Dupuis consent à épouser sa compagne, qui met au monde six mois plus tard la belle Manon : née à la fin de 1649, celle-ci a vingt ans lorsque Des Ronais

---

3. Voir Jean Chevalier et Alain Gheerbrant, *Dictionnaire des symboles*, R. Laffont, coll. «Bouquins».
4. Voir l'annonce de l'histoire de Querville par Des Frans (p. 373) et de l'histoire de Rouvière par Des Ronais (p. 374).

s'éprend d'elle lors d'une rencontre chez Madame de Mongey (p. 25) ; trois années se sont écoulées depuis cette rencontre (p. 24), et Challe a beau assortir ces indications temporelles de l'adverbe « environ », l'approximation vise surtout à donner un air de naturel à une chronologie soignée, qui conduit à situer le récit de Des Ronais en 1672.

Il reste à vérifier si la chronologie des autres nouvelles s'accorde bien avec cette datation. L'histoire d'Angélique contée par Des Ronais nous apprend que l'héroïne, âgée de sept ou huit ans à la mort de son père, est entrée au service de la femme de Dupuis (p. 84), qu'elle a servi la mère de Manon pendant six ou sept ans (*ibid.*), avant d'entrer au service de Mademoiselle de Vougy : « elle n'avait pour lors qu'environ quinze à seize ans » précise le narrateur (p. 85) ; c'est à cette époque, semble-t-il, qu'Angélique fait référence lorsqu'elle avoue que peu de gens s'intéressaient à elle six ans plus tôt (p. 74) ; on apprend enfin qu'Angélique et Monsieur de Contamine sont mariés depuis deux ans (p. 135). Comme dans l'histoire de Des Ronais, un événement réel rattache la chronologie interne de la nouvelle à la chronologie historique et permet de dater les différentes étapes de l'histoire : en indiquant que la mort du maréchal d'Hocquincourt a suivi de près celle du père d'Angélique (pp. 83-84), Challe conduit à situer la prise en charge d'Angélique par les Dupuis en 1658 ; âgée à l'époque de sept ou huit ans, Angélique serait donc née vers 1650 ; elle entre à l'hôtel de Cologny à l'âge de seize ans, en 1666, épouse Monsieur de Contamine en 1670 et, au moment où se déroule le roman, en 1672, elle est mère de deux enfants et dans l'attente d'une troisième naissance[5]. Les deux premières histoires révèlent donc un accord remarquable de la chronologie historique avec la chronologie interne des aventures et celle de l'histoire-cadre.

---

5. L'indication selon laquelle Angélique « n'attend pas l'année juste pour accoucher » (p. 135) confirme la rigueur de la chronologie interne.

Mais Challe a eu quelques difficultés à maintenir cette coordination rigoureuse. Ainsi, dans la troisième histoire, Monsieur de Terny fait référence à la mort de Turenne, survenue en 1675 (p. 157) : l'événement est donc postérieur de trois ans au moment où les histoires sont censées êtres racontées. L'histoire de Monsieur de Jussy et de Babet Fenouil révèle aussi quelque flottement : l'allusion à l'air des Rochers du « fameux Lambert » (p. 188) situerait la première rencontre des héros en 1665, puisque cet air appartient au ballet *La Naissance de Vénus* créé cette année-là ; Babet est alors âgée d'environ dix-sept ans (*ibid.*) ; après une liaison clandestine de six mois, elle devient grosse (p. 197) et elle mettra au monde un garçon peu après le procès qui condamne son amant à un bannissement de sept ans ; le narrateur précise alors que ses couches « arrivèrent au commencement de sa dix-neuvième année » (p. 204), et cette indication permet d'établir une coïncidence heureuse entre le retour d'exil de Jussy et la majorité légale de Babet, qui vient d'avoir vingt-cinq ans (p. 208) ; la chronologie interne est donc rigoureuse : mais si cette aventure qui se développe sur huit années trouve son départ en 1665, le dénouement est nécessairement postérieur à 1672.

Des difficultés chronologiques plus fortes apparaissent dans l'histoire de Des Frans où Challe, en faisant chanter à Silvie un air de l'opéra de *Proserpine*, créé en 1680, introduit un anachronisme voyant, sur lequel du reste la *Préface* attire l'attention. La justification du romancier surprend : « Je l'ai fait afin de détourner d'autant plus les curieux des idées que la lecture de ces histoires pourrait leur donner » (p. 3) ; sans doute l'affirmation n'est-elle pas dépourvue d'humour, si l'on veut bien considérer que cet anachronisme affiché a aussi pour effet de détourner l'attention du lecteur des autres incertitudes de la chronologie. Ainsi, dans sa confession à Des Frans, Silvie indique que son père, Monsieur de Buringe, frère de la duchesse de Cranves, est mort en Candie (autrement dit en Crète) avec le duc de Beaufort (p. 340), ce qui situe l'événement en 1669 ; mais en imaginant que Des Frans part à Rome en compagnie du cardinal de Retz (p. 370) et qu'il en revient cinq mois plus tard avec l'ambassadeur de France, Monsieur de Créqui (p. 376), Challe semble faire allusion, dans le premier cas, à des missions effectuées par le cardinal de Retz en 1665-1666, alors que la deuxième référence historique ne peut renvoyer qu'à l'ambassade conduite par Monsieur de Créqui en 1662 ; enfin, l'évocation des campagnes de Des Frans après la mort de Silvie achève de brouiller les pistes, puisque le héros participe en Hongrie à la bataille du Raab contre les Turcs, le 3 août 1664 (p. 428), et combat au Portugal contre l'armée espagnole jusqu'à la paix de 1668 (*ibid.*) : autant de références qui dessinent une chronologie fluctuante. C'est la preuve que le romancier n'accorde pas à la datation historique une importance primordiale. À l'exception de la mention initiale du quai Pelletier, dont nous avons reconnu la valeur symbolique, les références aux événements extérieurs, au demeurant peu nombreuses, que l'on peut relever dans *Les Illustres Françaises* ont surtout pour effet de renforcer l'impression de vérité, sans que l'auteur se soit senti tenu d'inscrire la fiction dans une chronologie historique rigoureuse.

Il faut dire que l'architecture complexe des *Illustres Françaises* rendait problématique la cohérence chronologique d'un ensemble qui exigeait de coordonner entre elles des aventures différentes mais intriquées, de les rattacher à l'histoire-cadre, de les inscrire enfin dans la réalité d'une époque. Challe a pris la mesure de ces difficultés et il y a répondu en romancier. Si, comme on l'a vu, il prend délibérément des libertés avec la chronologie historique, il s'attache en revanche à coordonner au mieux les nouvelles avec l'histoire-cadre, et il apporte tous ses soins à fonder le développement des aventures sur une chronologie interne précise. Ainsi, l'histoire dramatique de Des Prez et de Mademoiselle de l'Épine est relativement récente, puisque le narrateur Dupuis précise qu'il a eu connaissance de la mort pitoyable de l'héroïne peu après l'événement, « il y a environ deux ans » (p. 221). Le déroulement du drame suit une chronologie rigoureuse, qui ajoute à l'effet de vérité une forme de nécessité implacable : le mariage clandestin des amants a lieu « plus de quinze jours après Pâques » (p. 261) ; la mésaventure du champ de seigle se produit « dans les plus beaux jours de l'année », juste avant les moissons (p. 265) ; la jeune femme devient grosse « vers la fin de septembre » (p. 269) ; elle est sur le point d'accoucher lorsque le « dix-neuvième juin », le père, Monsieur Des Prez, fait arrêter son fils (p. 281).

Sous la plume du romancier R. Challe, le temps est donc beaucoup plus qu'un simple fil narratif ou un banal outil de la vraisemblance. C'est d'abord un temps dramatique qui donne à chaque histoire son rythme propre : il soutient la soudaine tension de la situation dans l'histoire de Monsieur de Terny, quand la menace qui pèse sur Clémence suscite le tempo de l'urgence ; il révèle le mouvement tragique vers la catastrophe dans l'histoire de Des Prez, souligne l'instabilité et l'égarement de Des Frans, accompagne enfin la transformation de Dupuis, de l'inconstance libertine à la fidélité de l'amour honnête.

Ce temps dramatique qui rythme les histoires est aussi un temps concret et sensible, qui laisse entrevoir la diversité des saisons et les sensations du moment. Ainsi, évoquant son voyage en Hollande, Terny note qu'« il faisait un froid si grand que toutes les eaux étaient glacées, et qu'on allait partout à pied sec » (p. 169) ; l'aventure du champ de seigle dans l'histoire de Des Prez s'entoure de détails qui peignent la douceur de l'air et l'appel du désir (p. 265) ; en revanche, c'est par une nuit sombre que Des Frans reçoit la lettre qui accuse Silvie (p. 319), et c'est encore dans la nuit, mais une nuit sereine et glacée qui contraste avec son humeur échauffée, qu'il décide d'aller tirer vengeance de Silvie : « Il gelait à tout briser ; la nuit était calme et belle » (p. 333).

Ces sensations soutiennent l'émotion du souvenir dans les histoires où la voix du narrateur se confond avec celle du héros ; elles éclairent un aspect capital de l'art de R. Challe, qui donne au temps sa pleine fonction romanesque en transformant la chronologie abstraite en temporalité vécue. Les nouvelles des *Illustres Fran-*

çaises, en effet, retracent une expérience sensible du temps. Tous les personnages ont un passé, une histoire ; ils ont tous été façonnés, modifiés par l'existence. Certains, comme Des Prez ou Des Frans, portent en eux le souvenir intense du moment décisif où leur vie est devenue destin. Pour Des Prez, ce jour fatal est celui de son arrestation : la date, l'heure, le lieu, les circonstances, restent à jamais gravés dans sa mémoire, et Challe a poussé l'ironie tragique jusqu'à choisir pour ce jour funeste « le plus grand jour de l'année, dix-neuvième juin » (p. 281). Pour Des Frans, ce tournant se place de manière tout aussi symbolique « le jour de la Nativité, huitième septembre » (p. 308), et le romancier a laissé au lecteur la liberté de rêver autour des liens troublants et mystérieux qui rattachent la rencontre de Silvie à la célébration de la Nativité de la Vierge et au baptême d'un enfant trouvé, qui se trouve être, de surcroît, une fille. Pour Gallouin enfin, la rencontre du destin se produit dans une forêt, la nuit de Pâques (p. 587), et le symbolisme de cette date confirme, une fois encore, que le romancier R. Challe n'a pas seulement conçu le temps comme un principe d'organisation rigoureux de la fiction, mais en a fait une source d'émotion et de poésie.

Ajoutons que ce temps vécu, temps de l'action, temps du souvenir, est aussi un temps ouvert sur le présent et sur l'avenir. Si le rappel du passé, dans *Les Illustres Françaises*, tend à illustrer « une partie du commerce de la vie » (*Préface*, p. 2), le roman s'attache aussi, comme le montrent bien les retrouvailles heureuses des personnages dans le récit d'encadrement, à relier le passé au présent et à tracer l'image radieuse d'un bonheur possible dans un temps apaisé.

CHAPITRE VI

LA FONCTION DU DÉCOR

De même qu'ils vivent dans un temps réel, les personnages des *Illustres Françaises* évoluent dans un univers concret[1]. Il s'agit avant tout de Paris et de ses environs immédiats ; mais, par le biais du voyage, le roman s'ouvre à la province et pousse même quelques incursions au-delà des frontières en direction de l'Angleterre et de la Hollande avec Monsieur de Terny, de la Hollande, de l'Allemagne, de l'Espagne, de l'Italie et du Portugal avec Jussy, de l'Italie, de la Hongrie et du Portugal avec Des Frans.

La primauté accordée au décor parisien et l'ouverture de l'espace romanesque à la province et à quelques pays étrangers ne constituent pas à proprement parler des innovations. Dès la première moitié du XVIIe siècle, les romans comiques et satiriques avaient opposé aux décors conventionnels des grands romans héroïques un cadre moins poétique, plus proche de la réalité concrète et familière : ainsi, l'*Histoire comique de Francion* de Sorel évoque Paris, la campagne et l'Italie ; Scarron, dans son *Roman comique*, fait évoluer une troupe de comédiens ambulants dans la région du Mans, mais il élargit le cadre romanesque à Paris et à Rome dans

---

1. On trouvera une excellente analyse de l'espace romanesque dans Françoise Gevrey, *op. cit.*, chapitre IV.

la relation des aventures de ses héros, Destin et l'Étoile, et il ouvre un champ nouveau à l'imagination dans les nouvelles espagnoles qu'il insère dans son roman ; quant à Furetière, il porte un regard satirique, dans *Le Roman bourgeois* (1666), sur le quartier le plus bourgeois de la ville de Paris, la place Maubert.

Le souci accru de vraisemblance qui commande la pratique des romanciers après 1660 éloigne la nouvelle de l'idéalisation héroïque comme de la caricature comique. En s'attachant à conter des aventures plus vraisemblables, plus proches de la réalité moyenne, les nouvelles renoncent aux ornements des grands romans : les récits de batailles, les évocations de tempêtes et de naufrages, les descriptions magnifiques des palais et des demeures princières relèvent désormais d'une tradition romanesque usée. L'exigence de vraisemblance et le souci de la rapidité narrative conduisent les auteurs de nouvelles à renoncer aux longues descriptions, jugées factices et ennuyeuses. Mais si, en vertu de cette esthétique de la brièveté, la nouvelle ou l'histoire véritable décrit peu, elle aime à situer les intrigues dans des décors définis qui parlent à l'imagination, qui séduisent par leur caractère familier ou au contraire par leur exotisme : Paris et la province, mais aussi les pays du Nord, l'Italie, l'Espagne, l'Afrique barbaresque, la Turquie et le sérail du sultan, offrent aux nouveaux romanciers un espace géographique ouvert.

En évoquant Paris, la province et quelques pays étrangers dans ses *Illustres Françaises*, Challe, comme ses prédécesseurs, s'est attaché à inscrire les aventures de ses personnages dans un cadre réel. La primauté donnée au décor parisien, on l'a déjà noté, ne peut être considérée comme une innovation à une époque où la capitale apparait comme le théâtre privilégié des intrigues contemporaines. Donneau de Visé, Préchac, Le Noble, avaient présenté beaucoup de nouvelles parisiennes ; Challe, dans ses *Illustres Françaises*, se conforme donc à un usage largement répandu.

Mais alors que ses devanciers prétendaient puiser leur inspiration dans la chronique galante de la capitale, l'auteur des *Illustres*

Françaises affirme au contraire (et l'histoire d'Angélique en apporte la confirmation) que certaines de ses histoires, sinon la plupart, ont une origine provinciale. Le décor parisien des *Illustres Françaises*, du même coup, change de statut : il n'est plus présenté comme le reflet d'une réalité anecdotique, mais il relève ouvertement d'un choix artistique, dont il appartient au lecteur d'apprécier les conséquences.

Le premier effet de cette transposition avouée des aventures sur la scène parisienne est d'éloigner le roman de ses sources authentiques prétendues pour lier l'effet de vérité à l'écriture : de l'aveu même du romancier, le décor parisien des *Illustres Françaises* procède de l'invention, c'est un instrument d'illusion qui contribue à donner à la fiction les couleurs de la réalité.

Et de fait, R. Challe assigne au décor parisien une fonction romanesque neuve. La capitale offrait aux nouvelles contemporaines de Donneau de Visé, de Préchac ou de Le Noble un cadre vraisemblable ; mais le Paris des nouvelles galantes se limitait bien souvent à quelques lieux à la mode, notamment les promenades mondaines propices aux rencontres, et tout particulièrement le jardin des Tuileries. Nous retrouvons ce haut lieu des intrigues dans l'histoire de Silvie, où l'on apprend que l'héroïne et Rouvière se rencontrent aux Tuileries « vers le grand bassin » (p. 331) ; mais le choix du lieu et du moment est ici dicté par le souci du secret, et non seulement ces rendez-vous se situent en un endroit éloigné de la maison de Silvie, mais ils se placent, précise Rouvière, « à une heure qu'il n'y a que peu ou point de monde ; outre que la saison n'est pas propre à la promenade » (*ibid.*). D'un lieu conventionnel de la rencontre mondaine et de l'intrigue galante, Challe a donc fait un décor précis, caractérisé, adapté aux exigences propres de son action.

Cet exemple est caractéristique de la manière dont R. Challe transforme le décor parisien en instrument efficace de l'illusion romanesque. On est frappé avant tout par la multiplicité et la précision des indications de lieu. Les personnages des *Illustres*

Françaises vivent dans des quartiers définis : Des Prez, Mademoi-selle de l'Épine et Silvie habitent le Marais ; après son mariage, Des Frans installe Silvie dans une maison du quartier Saint-Roch, choisi pour sa tranquillité (p. 404). Contamine pour sa part a choisi, pour loger plus honorablement Angélique et sa mère, une maison dans le faubourg Saint-Germain, « proche de la porte de Bussy » (p. 105), dont on apprend un peu plus loin qu'elle est située rue Dauphine (p. 128).

Ce décor parisien, qui forme le cadre de la vie quotidienne des personnages, n'a pas à être décrit : le nom des rues, des quartiers, des églises, des jardins ou des promenades suffit à évoquer un univers familier que le public, aussi bien que le romancier et ses personnages, est censé connaître ; et quand bien même le lecteur connaîtrait mal Paris, la richesse et la précision de la toponymie romanesque imposent avec force l'effet de réalité : qui pourrait douter par exemple de la véracité du récit de l'accouchement de Célénie quand le narrateur Dupuis est en mesure de préciser que la sage-femme fort habile choisie par ses soins, la Cadret, « demeu-rait dans la rue Saint-Antoine au coin d'une petite rue devant celle de Geoffroy-l'Anier » (p. 481) ; même si, contrairement à la compagnie qui écoute l'histoire, le lecteur ne sait pas où demeure Célénie, la localisation si précise de la maison de la sage-femme donne aux propos de Dupuis un air de vérité : tel est bien l'objectif de ce créateur d'illusion qu'est le romancier.

L'impression de vérité est d'autant plus forte que le décor parisien des *Illustres Françaises* s'offre comme un décor concret, vivant, animé : on y découvre les embarras de carrosses au bout de la rue de Gesvres (p. 9), les ruelles remplies de boues (p. 491), l'obscurité des rues privées d'éclairage (p. 319 et p. 333) ; on entre, à la suite d'Angélique, chez un miroitier de la foire Saint-Germain (p. 113) ; avec Des Prez et sa maîtresse, on pénètre dans la boutique d'un libraire de la Galerie du Palais (p. 229) ; on rencontre aussi des métiers plus modestes comme le limonadier chez qui Des Frans voudrait inviter Silvie et ses compagnes

(p. 314), le marchand d'oublies que Dupuis et ses compagnons de débauche font presque mourir de peur (p. 455), la sage-femme de la rue Saint-Antoine chez qui Célénie accouche en secret (p. 481), ou encore les écrivains publics installés près du cimetière des Saints-Innocents (p. 490), sans compter les commerces moins avouables qui se pratiquent chez la Delorme, « derrière les Quinze-Vingts, dans la rue Saint-Nicaise » (p. 497) ; d'autres scènes de la vie quotidienne sont suggérées : offices religieux (p. 308), promenades du soir le long du bou-levard de la porte Saint-Antoine (p. 226 et p. 313), baignade sous le Pont-Neuf (p. 471) ; on entrevoit enfin les environs de Paris avec l'arrivée de Des Frans et de Jussy dans la capitale « au Bourg-la-Reine à sept heures du matin » (p. 185), avec la sortie de Des Prez et de Dupuis en direction de Vincennes, où les deux amis vont chercher un endroit écarté, loin des oreilles indiscrètes et des rencontres importunes (p. 223), à travers enfin l'évocation de l'aventure du champ de seigle, dans l'his-toire de Des Prez, qui nous rappelle que la campagne à cette époque est à proximité immédiate de la ville (p. 265).

Si les déplacements des personnages en province ou hors des frontières élargissent le cadre des aventures, ils ne modifient pas fondamentalement la fonction du décor, qui est toujours d'inscrire l'action dans un espace concret donnant à l'univers de la fiction un caractère de vérité.

Mais, dans le cadre du roman, cette vérité matérielle devient vérité poétique. Si *Les Illustres Françaises* accordent peu de place à la description, c'est bien que le décor n'a pas d'existence auto-nome : il est étroitement lié à l'action, aux rencontres et aux péripéties, à la vie et aux mouvements des personnages. Cette fonction romanesque du décor explique l'attention portée par R. Challe à la transformation du cadre de vie d'Angélique, qui accompagne l'ascension sociale de l'héroïne ; elle éclaire aussi le soin avec lequel le romancier s'est attaché à inscrire certains moments intenses dans un décor suggestif : pensons à l'évocation de la prison de Silvie, dont le décor sinistre révèle dans toute son horreur la vengeance cruelle de Des Frans (p. 414).

L'analyse de l'espace romanesque confirme en définitive les conclusions de l'analyse du temps : chronologie et décors ne sont pas des éléments de vérité empruntés à la réalité extérieure, ils font partie intégrante de la fiction, c'est-à-dire d'un univers romanesque qui obéit à ses exigences propres et crée sa propre vérité.

Ajoutons que cette vérité de la fiction porte la marque d'une subjectivité. De même que le choix d'une époque antérieure à 1675 pouvait être interprété comme un choix du cœur[2], de même la prépondérance du décor parisien dans *Les Illustres Françaises* (Paris, ne l'oublions pas, est le premier mot du roman) témoigne de la valeur que R. Challe accorde à la Ville, dans un roman où la Cour n'est évoquée que de manière incidente et discrète, à la fin de la troisième histoire, lorsque nous apprenons que Monsieur et Madame de Terny doivent aller souper à Versailles (p. 182), ce qui confirme une information antérieure indiquant que Terny s'apprêtait à prendre une charge dans la maison du roi (p. 167). Si beaucoup de nouvelles, avant *Les Illustres Françaises*, avaient élu la scène parisienne, l'œuvre de R. Challe apparaît bien comme le premier grand roman de la Ville, c'est-à-dire un roman qui a choisi d'illustrer la noblesse et les vertus d'un monde qui n'est plus celui de la haute société aristocratique.

---

2. Voir le début du chapitre précédent.

CHAPITRE VII

L'ACTION ROMANESQUE

Dans la voie tracée par les auteurs de romans comiques comme Scarron ou Furetière, les auteurs de nouvelles aiment à prendre leurs distances par rapport aux conventions du grand roman héroïque. Eustache Le Noble est un bon représentant de cette attitude quand, dans l'avis au lecteur d'une nouvelle historique parue en 1694, *Ildegerte, reine de Norvège*, il déclare : « Ce n'est ni une fable ni un roman que je vous donne, c'est la vérité pure de l'Histoire, à laquelle je n'ai eu la peine que d'ajouter le tissu de la narration (...) ».

Challe s'est conformé à cette loi de la nouvelle historique et de l'histoire véritable, et la *Préface* des *Illustres Françaises* fonde la vraisemblance et le naturel des récits sur le rejet des poncifs romanesques, « brave à toute épreuve », « incidents surprenants », « aventures de commande », autrement dit convenues et artificielles (p. 4).

Cette distance par rapport aux conventions du roman est réaffirmée en plusieurs endroits du texte. Ainsi, Des Ronais associe la chasteté obligée de sa liaison sentimentale avec Manon aux commerces platoniques de la belle galanterie romanesque : « Il fallut donc me résoudre à quitter la partie ou à filer le parfait amour en fidèle héros de roman (...) » (p. 36). Cette formule ironique nous aide à comprendre l'effet de rupture créé par tous les passages (et ils sont nombreux) où l'œuvre de R. Challe illustre la puissance du désir, le plaisir sensuel et sa conséquence naturelle, la grossesse : l'amour charnel dénonce l'idéalisme de la tradition romanesque.

Un même refus du romanesque conduit Babet Fenouil à ironiser sur l'attitude de Jussy, qui tente de fuir un amour impossible en s'engageant avec une autre, en l'occurrence Mademoiselle Grandet : « La résolution est d'un véritable héros de roman (...) » déclare Babet par dérision (p. 192). Enfin, en marquant une pause dans la relation de ses aventures, Des Frans s'écarte avec humour de la tradition des longues histoires suivies : « Il faut être plus héros de roman que je ne suis pour conter une histoire si longue d'un seul trait » (p. 360).

Si cette mise à distance des conventions romanesques contribue à l'effet de naturel, il arrive aussi que la référence au roman signale avec ironie que l'histoire véritable garde des contacts avec un genre dont elle prétend s'écarter. Ainsi Dupuis est-il conduit à ironiser sur « la règle générale des romans » qui l'invite, « en véritable héros », à raconter sa propre histoire après avoir entendu celle de ses amis (p. 439) : en accord avec le registre enjoué de l'histoire comique, le narrateur joue ici avec la convention romanesque ; faute de pouvoir s'en détacher, il l'affiche, ce qui est probablement la manière la plus subtile de la masquer.

Ce jeu ironique sur la fiction accompagne les situations les plus singulières. Même si, comme l'écrivait Boileau dans son *Art poétique*, « le vrai peut quelquefois n'être pas vraisemblable » (chant III, v. 48), Challe sait bien que le geste de Dupuis qui se perce le corps dans la chambre de Madame de Londé a les apparences du « fabuleux » (*Préface*, p. 4). De même, les circonstances de l'accouchement de Célénie défient la vraisemblance, et le narrateur Dupuis est obligé de reconnaître à deux reprises qu'il aurait douté lui-même de la vérité de cette histoire s'il n'avait été acteur et témoin de l'aventure (pp. 480-481) : Challe se garde bien de dire que cette situation avait été traitée et commentée dans des termes bien proches par Préchac, en 1678, dans *L'Ambitieuse Grenadine*, où l'héroïne, comme Célénie, met au monde une petite fille dans le plus grand secret, apportant ainsi la preuve, selon l'auteur, que « celles qui accouchent en secret sentent bien moins de douleur que les autres, parce que la crainte qu'elles ont d'être surprises leur fait supporter le mal avec patience, et les rend en quelque façon insensibles » (p. 93) ; le point de vue de Dupuis n'est guère différent, pour qui une fille, « quelque délicate qu'elle soit, est capable de tout pour cacher une faute qu'elle a faite, et se tirer en secret de l'abîme où son peu de vertu l'a précipitée » (p. 481) ; d'où l'on voit que si l'histoire de Célénie est effectivement singulière, elle n'est pas, littérairement, sans précédent, ce que le romancier masque avec soin. Le summum de la singularité est atteint avec le déguisement de Monsieur de Terny en laquais (déguisement doublé, de surcroît, par celui de Bernay, qui se sert du même subterfuge pour rencontrer sa maîtresse) ; l'aventure est si peu crédible que le lecteur est libre de partager l'incrédulité narquoise des auditeurs devant un artifice ouvertement romanesque, dont Madame de Contamine relève en riant l'invraisemblance (p. 155) : car si l'on peut, à la rigueur, grimer un visage, comment déguiser le regard et la voix ? Et c'est pourtant l'auditrice la moins convaincue par les protestations de vérité du narrateur qui invite celui-ci à poursuivre son récit, montrant par là que le plaisir de la fiction desserre les limites du vraisemblable et peut, au besoin, justifier l'extraordinaire.

Le refus des inventions du roman héroïque n'implique donc pas le rejet des séductions du romanesque. Si, à la fin de sa confidence à Des Frans, Jussy parle de son aventure comme d'un « roman » (p. 208), ce n'est pas seulement par manière de plaisanterie ; c'est aussi pour marquer combien cette histoire vécue porte un caractère surprenant et singulier : « Je prends trop de part (...) dans une affaire aussi extraordinaire que la vôtre », répond Des Frans, « pour ne pas souhaiter d'en voir la conclusion » (pp. 208-209). Cet intérêt passionné, qui se communique aux auditeurs fictifs de l'histoire comme aux lecteurs du roman, prouve que le naturel de l'histoire véritable n'exclut pas l'attrait de l'extraordinaire : il renouvelle, soutient et renforce la poésie du romanesque.

Il n'y a pas lieu de s'étonner, par conséquent, de rencontrer dans *Les Illustres Françaises* de multiples échos de la tradition romanesque. La référence au roman est présente, on l'a vu, dans le titre même de l'ouvrage, avec le qualificatif d'*illustres* appliqué aux héroïnes ; elle est sensible aussi dans la présentation idéalisée de ces figures féminines, dont Challe a complaisamment détaillé les belles qualités ; on la retrouve encore dans un certain nombre de situations et de motifs qui relèvent de la grande tradition du roman. Ainsi, le personnage de Silvie s'inscrit dans la lignée des héros et des héroïnes de naissance inconnue, dont l'ascendance noble confirme les mérites. La marque du romanesque est également perceptible dans le désespoir amoureux qui pousse Des Frans à rechercher la mort dans l'aventure militaire ; on la retrouve dans le déguisement de Monsieur de Terny pour approcher sa maîtresse au couvent, dans la fausse nouvelle de la mort de Monsieur de Jussy ou dans le geste passionné de Dupuis qui se perce de son épée sous les yeux de la femme aimée. On reconnaît encore des procédés de roman dans les conversations surprises (qu'il s'agisse de l'entretien de Des Prez avec deux religieux, p. 257, ou du discours de la veuve dans l'histoire de Dupuis, p. 507), ainsi que dans les incidents liés aux lettres (lettre équivoque qui trompe Des Ronais ou billet intercepté entraînant Des Prez et Mademoiselle de l'Épine vers la catastrophe). On peut signaler enfin, à la suite de Jacques Popin, que la communication amoureuse par le biais du chant entre Monsieur de Jussy et Babet Fenouil (pp. 189-190) reprend une situation de la comédie galante (pensons à Cléante et à Angélique dans la scène 5 du deuxième acte du *Malade imaginaire*) ; que la liaison sensuelle de Dupuis et de la belle veuve joue, à ses débuts, avec le *topos* de la beauté surprise dans son sommeil ; que la rencontre de Dupuis avec Madame de Londé, qui se promène masquée (p. 555), reproduit une situation bien connue des romans galants (pensons par exemple à l'*Histoire de l'Amante invisible* insérée dans la première partie du *Roman comique*, chap. IX) ; enfin, que la promesse de mariage de Dupuis à Célénie, écrite de son sang, a une saveur romanesque marquée (c'est à partir d'une semblable promesse qu'un jeune marquis, dans *Le Roman bourgeois* de Furetière, obtient les faveurs de la coquette Lucrèce).

Il n'est pas sûr toutefois qu'il faille interpréter ces contacts de l'histoire véritable avec la topique romanesque comme une forme de soumission du romancier aux usages narratifs de son temps. Mieux vaudrait sans doute s'attacher à montrer comment l'auteur des *Illustres Françaises*, s'appropriant ces procédés, en renouvelle la portée. Il peut en faire un usage ironique, comme on a pu le voir à propos du déguisement de Terny où la fiction joue ouvertement à défier la vraisemblance. Le jeu ironique est aussi présent dans l'histoire de Dupuis, qui aime à parodier les héros de roman : la promesse de mariage écrite de son sang révèle le simulacre, de même que la déclaration à la belle inconnue masquée illustre le langage de la feinte, puisque Dupuis a reconnu Madame de Londé ; et pourtant, sans que Dupuis en ait conscience, cette parole trompeuse est aussi le prélude à un amour sincère, dont l'authenticité sera attestée par le sang versé lors de la tentative spectaculaire de suicide du héros ; le jeu avec la convention romanesque permet donc de jeter une lumière nouvelle sur les rapports ambigus du masque et de la sincérité. La vérité passe aussi par les voies du jeu avec la tradition poétique et romanesque quand, dans l'épisode du feint sommeil de la veuve, une comédie des apparences dont nul n'est dupe permet de contourner les obstacles moraux et de faire triompher la légitimité du plaisir en sauvant les convenances.

Dans l'histoire de Des Prez, Challe montre qu'il peut donner au motif de la conversation surprise un air de naturel quand, p. 234, le héros entend au travers d'une porte l'entretien de son père avec la mère de Mademoiselle de l'Épine. En revanche, le romancier ne s'est guère soucié de justifier la présence inattendue du père dans un lieu éloigné de sa maison, le jardin des capucins de la rue

Saint-Honoré, lorsqu'il surprend la conversation de son fils avec deux religieux : « par le plus grand hasard du monde, mon père était dans ce même jardin (...) » (pp. 256-257) ; et si l'accident de la lettre égarée est évoqué avec plus de précision (pp. 279-280), on ne sait trop comment Des Prez, qui a quitté le cabinet de son père, peut évoquer cette découverte dramatique qui n'a pas eu de témoin ; dans les deux cas, qu'il s'agisse de la conversation surprise ou de la lettre interceptée, Challe prend des libertés avec la vraisemblance ; mais si ces deux artifices romanesques sont acceptés, c'est qu'ils symbolisent avec force la menace que le pouvoir du père fait peser sur le commerce secret des jeunes gens : en vain cherchent-ils à se soustraire à la loi, qui exige la soumission des enfants à l'autorité paternelle ; ils sont toujours surveillés, exposés, véritables condamnés en sursis. Quant au discours de la veuve dans la septième histoire, seul le caractère intime de l'entretien entre les deux sœurs peut autoriser la franchise d'un propos audacieux, qui oppose aux préjugés de la morale établie la vérité de la nature : le motif de la conversation surprise cesse d'être ici un simple procédé de roman, il est lié à la nature même de cette parole interdite dont la vérité doit s'entourer du secret.

Si le romanesque n'est pas totalement absent des *Illustres Françaises*, R. Challe en use, on le voit, d'une manière très contrôlée. Le romancier s'est bien gardé d'en faire le moteur de ses récits, dont les événements sont commandés par d'autres forces, plus conformes à la réalité de la vie, qui achèvent de donner à l'univers de la fiction un caractère de vérité. À la vérité des sentiments et des passions qui animent les personnages répond la vérité des obstacles qui naissent des convenances sociales, des contraintes matérielles et des obligations légales. S'y ajoutent des forces plus secrètes, révélées notamment par les pratiques magiques de Gallouin et les circonstances de sa mort, qui introduisent dans cet univers vivant et concret une part de mystère : sans doute parce que la réalité pour R. Challe n'exclut pas, comme il le dit dans son roman (p. 456) et comme il le répète dans sa lettre du 30 décembre

1713 au *Journal Littéraire*, les « secrets qui passent la nature » ; mais sans doute aussi parce que le romancier a perçu la valeur suggestive de ces puissances secrètes qui échappent à la raison, ce qui l'a conduit à donner à ses personnages et à leurs aventures cette forme de profondeur et de poésie qui résulte du mystère, ou à tout le moins de la complexité.

CHAPITRE VIII

LA PRÉSENTATION DES PERSONNAGES

L'impression de vie qui se dégage des *Illustres Françaises* est directement liée à l'évocation de personnages nombreux, auxquels le romancier a prêté une identité précise. À défaut d'avoir tous un visage, ils ont un nom, une condition sociale, un caractère qui s'exprime dans leurs paroles et leurs actions.

À certaines figures de second plan, Challe a prêté un relief singulier. C'est le cas, dans l'histoire de Monsieur de Terny, de la vieille tante huguenote du héros (p. 161), fort hostile aux couvents et peu portée, pour son compte, à reconnaître la valeur des vœux de chasteté ; il est clair que le romancier s'est plu à peindre avec une sympathie amusée cette figure originale, dont la robuste santé morale, l'énergie passionnée et les partis-pris ne sont pas pour lui déplaire.

Dans l'histoire de Des Prez, l'attention se porte sur la femme d'intrigue dont le héros achète les services et le silence : ce personnage cynique, qui ne croit pas à la solidité des liaisons amoureuses, propose à Des Prez de tromper Marie-Madeleine par un mariage simulé avec un faux prêtre (p. 245), avant de devenir l'alliée fidèle du jeune couple. Mais Challe a donné le plus fort relief au prêtre normand famélique qui accepte de bénir l'union des héros : mieux qu'une bourse de cinquante louis (ce qui n'est pourtant pas une mince somme)[1], un repas copieux incline ce prêtre pauvre à la bienveillance, et il agira avec honnêteté et prudence pour donner au mariage clandestin un maximum de validité.

Enfin se détachent de l'histoire de Des Frans deux figures de scélérats, Rouvière, gentilhomme provincial de sac et de corde, dont la vie, nous dit-on, « n'a été qu'une suite de traverses (= de revers) et de méchantes actions » (p. 374), et Valeran, domestique de Madame de Cranves, qui tente de violer Silvie, empoisonne sa femme et meurt assassiné (p. 373).

Challe, on le voit, n'a pas négligé les seconds rôles, qui élargissent l'univers social d'u roman. À ses personnages de premier plan, il a réservé, comme il se doit, une présentation plus fouillée. Toutefois, la technique du récit oral et des histoires encadrées soulève une double difficulté : d'une part, le héros-narrateur peut difficilement faire son autoportrait, d'autant qu'il s'offre au regard du ou des auditeurs, un peu comme le personnage de théâtre s'offre au regard du public ; d'autre part, les liens de familiarité qui unissent le cercle des auditeurs et les acteurs des histoires affaiblissent la légitimité du portrait : il n'apparaît guère utile en effet de peindre une figure connue, ni d'apporter sur sa condition, sa situation familiale ou son passé des informations que l'auditeur fictif est censé posséder. Or ces précisions sont nécessaires au lecteur, véritable destinataire du récit.

Cette double difficulté transparaît dans le texte. Dès le départ de la première histoire, Des Ronais, qui fait confidence à Des Frans, son ami d'enfance, de son aventure sentimentale avec Manon Dupuis, témoigne des limites qui s'attachent au récit à la première personne adressé à un auditeur familier. De manière significative, les deux premières phrases tracent les frontières des informations autorisées par la vraisemblance : « Je ne vous dirai point quelle

---

1. La valeur du *louis* s'est fixée à onze livres. Si l'on estime que la livre, à l'époque de Louis XIV, correspond à environ 20 F d'aujourd'hui, la somme proposée par Des Prez dépasse 10 000 F.

était ma famille, vous la connaissez, puisque nous sommes nés voisins. Je ne vous entretiendrai point non plus de ma jeunesse, puisque nous avons été élevés ensemble. Je vous dirai seulement ce qui s'est passé depuis votre départ (...) » (p. 19). Tel est le prix du naturel. Sur la condition sociale et le passé de Des Ronais, sur son apparence physique, son esprit et son caractère, nous devons nous contenter d'informations éparses glissées dans les premières pages du roman et dans le propos du narrateur : nous apprenons ainsi qu'il est conseiller au Parlement (p. 10), qu'il habite une vaste maison (p. 11), que c'est un homme cordial et un ami sincère ; mais c'est surtout dans la relation de son aventure que le personnage se dévoilera progressivement.

La difficulté narrative qui s'attache à la présentation du héros-narrateur est révélée plus nettement encore dans la quatrième nouvelle, où l'histoire de Monsieur de Jussy et de Babet est racontée par Des Frans dans les termes mêmes que Jussy a employés pour lui confier son aventure. À nouveau, les limites de la confidence amicale sont posées : « Je ne vous dirai rien de ma personne ni de mon esprit, l'une est présente à vos yeux, et le long temps qu'il y a que nous sommes ensemble peut vous faire juger de l'autre » (pp. 186-187). Mais si le portrait est effectivement inutile dans le cadre de l'entretien intime entre deux amis, la transposition de l'histoire devant un auditoire nouveau crée de nouvelles exigences : les auditeurs de Des Frans en effet ne connaissent pas le héros Jussy, ils n'ont pas sa personne sous les yeux, ils sont placés, au départ du récit, dans la même situation d'ignorance que les lecteurs du roman. Le refus des informations initiales a donc pour premier effet de stimuler la curiosité et l'attention du lecteur à l'endroit d'un personnage qui, paradoxalement, commence par se dérober à notre connaissance au moment où il se découvre.

Le procédé est aussi un appel à l'imagination. La révélation progressive du personnage en action demande, en effet, une collaboration accrue du lecteur, lequel doit constituer un portrait à partir d'informations et de suggestions dispersées : l'image n'est pas donnée au départ du récit, elle se construit au fil de la narration. Par cette formule habile, Challe a su répondre aux contraintes narratives de la confidence amicale. D'autres romanciers avaient rencontré cet obstacle. Ainsi, dans une nouvelle publiée en 1696, *Histoire de Marguerite de Valois, reine de Navarre*, Mademoiselle de La Force introduisait la confidence d'un de ses personnages, Lautrec, en des termes très proches de ceux qu'emploie Des Ronais : « Je ne vous parlerai point de la maison dont je suis, vous la connaissez. Je ne vous dirai pas aussi toutes les occasions où je me suis trouvé à la guerre, et les différents emplois que j'ai eus. Je ne veux uniquement vous entretenir que des affaires de mon cœur (...)[2] ». La supériorité de Challe est d'avoir compensé les limitations imposées par la vraisemblance à la présentation du héros-narrateur par un enrichissement réfléchi des informations incidentes, renouvelant ainsi les techniques d'exposition du personnage.

S'il accorde le privilège de la narration aux figures masculines (Des Ronais, Terny, Des Frans et Dupuis, ces deux derniers narrateurs servant aussi respectivement d'interprètes à Jussy et à Des Prez), R. Challe a donné en contrepartie à ses héroïnes le privilège du portrait. Seul Monsieur de Contamine, dont l'histoire est contée par Des Ronais, fait exception à la règle (pp. 82-83). Des raisons techniques expliquent cet unique portrait masculin, la deuxième histoire ayant pour particularité d'être le seul récit objectif à la troisième personne ; mais il n'est pas interdit de penser que le romancier a souligné implicitement à travers ce portrait le côté « féminin » de Monsieur de Contamine : le visage blanc et

---

2. Mademoiselle de La Force, *Histoire de Marguerite de Valois,* 1696 ; rééd. de 1783, Paris, Didot l'aîné, t. II, p. 25. L'exclusion des aventures guerrières dans un récit qui entend se concentrer sur les affaires du cœur trouve aussi un écho dans l'histoire de Monsieur de Terny, lequel, pour les mêmes raisons, s'abstient de parler de sa campagne militaire en Flandres: « Je ne vous dirai point ce qui s'y passa, ce n'est point une relation que vous attendez de moi, c'est mon histoire particulière et celle de ma femme » (p. 141).

plein, la bouche belle et les dents bien rangées, les mains potelées et charnues dessinent un physique dont la séduction manque d'énergie, ce que suggère l'appréciation réticente du narrateur, marquée par une double réserve (« enfin on peut dire qu'il est ce qu'on appelle un bel homme »), et cette impression est confirmée par un naturel timide et doux, le don des larmes et une entière soumission à l'autorité maternelle.

Challe s'est plu à mettre en valeur les belles qualités physiques, intellectuelles et morales de ses héroïnes par des portraits. Mais, à l'exception de Babet Fenouil, que Des Frans ne connaît pas au moment où il recueille la confidence de Jussy et que la compagnie n'a pas encore vue, à l'exception aussi de Mademoiselle de l'Épine, que Dupuis ne semble pas connaître quand Des Prez lui confie son drame et avec qui les auditeurs n'ont jamais eu de relations familières, à l'exception enfin de la belle veuve, qui est inconnue de la compagnie et dont Dupuis a préservé l'anonymat, toutes les autres figures féminines sont trop connues des auditeurs pour que leur portrait apparaisse pleinement justifié dans le cadre de la fiction. D'où l'embarras du romancier pour introduire des portraits que ses lecteurs attendent, mais que la vraisemblance narrative conteste.

Challe a dû se soumettre à la vraisemblance narrative dans la troisième histoire, où la présence de Madame de Terny dans le cercle des auditeurs interdit au narrateur de peindre l'héroïne. À défaut de pouvoir résoudre la difficulté, le romancier en a fait un sujet de plaisanterie, puisque Monsieur de Terny suggère une justification plaisante du portrait en proposant de peindre Clémence dans tout l'éclat de sa beauté, sur le prétexte que deux mois de vie conjugale l'ont rendue laide à ses yeux (p. 143). Mais cette boutade montre surtout que le problème narratif est insoluble, et Madame de Contamine met fin au jeu en rappelant qu'il est inutile de peindre une personne en présence de l'original. Nous saurons donc seulement que Clémence au couvent ressemblait à un ange en habit noir, et que son regard vif et son air éveillé ne témoignaient pas d'une forte inclination pour la vie religieuse. C'est dans le développement du récit que le personnage sera révélé, à travers sa conduite, ses propos et surtout ses lettres, véritables miroirs où se réfléchissent la personnalité et la sensibilité de Clémence, et dont la richesse expressive compense opportunément l'absence de portrait initial.

Une difficulté analogue aurait pu surgir dans la septième histoire, si R. Challe n'avait eu l'habileté de tenir Madame de Londé éloignée de la narration de Dupuis. Subsiste malgré tout la difficulté, soulignée par le narrateur, de parler d'un personnage connu de tous : « Vous la connaissez tous, ainsi je ne vous en dirai que ce que vous n'en savez pas » (p. 540). La promesse n'est qu'à demi tenue, puisque Dupuis évoque la beauté de sa maîtresse, sa taille, son éclat, comme les qualités de son esprit ; il reste que le portrait s'attache à suggérer une vérité intime du personnage, sa sensibilité amoureuse, que l'extérieur réservé de Madame de Londé ne laisse guère deviner ; et très vite du reste, Dupuis renonce au portrait pour inviter les auditeurs à juger de l'héroïne par sa conduite : « Ce que je vais vous en dire vous la fera mieux connaître, que tous les portraits que j'en ferais » (p. 541).

En ce qui concerne le portrait de Manon, le *topos* de la beauté défiant toute tentative de description est une simple clause de style : Des Ronais a beau affirmer qu'une telle peinture est « au-dessus de (ses) expressions » (p. 25), il n'en fait pas moins le portrait de Manon à vingt ans. Comme des Frans a connu Manon plus jeune, alors qu'elle n'avait que quinze à seize ans (p. 20), et qu'il ne l'a plus revue depuis lors, ce portrait n'est pas tout à fait injustifié ; il est complété par la belle lettre amoureuse de l'héroïne (pp. 39-40), dont il est précisé qu'elle « acheva le portrait de Mademoiselle Dupuis » auprès des dames d'Angoulême à qui Des Ronais avait montré la riche miniature d'émail que sa maîtresse lui avait offerte avant son départ en province. L'éloge du portrait peint met indirectement en valeur les pouvoirs expressifs propres à la littérature, le portrait écrit et la lettre : c'est par là que le romancier, triomphant du peintre, peut traduire non seulement la beauté, mais aussi l'esprit et la sensibilité du personnage. La justification du portrait d'Angélique (p. 85) est plus délicate, puisque Des Frans vient de rencontrer la jeune femme lors de sa visite chez Manon. Aussi Des Ronais commence-t-il par affirmer l'inutilité de la description (« Je n'ai que faire de vous en faire le portrait, vous venez de la voir ») avant de donner malgré tout un portrait dans les formes, qui n'oublie pas de signaler la perfection physique du personnage, mais qui s'étend sur son esprit, ses talents et ses qualités morales. La présentation du personnage s'adapte donc à la situation narrative, et Challe s'est attaché à atténuer le décalage entre la situation de l'auditeur fictif et le besoin d'informations du lecteur.

Ce décalage n'est pas complètement effacé dans la présentation de Silvie par Des Frans (p. 310), puisque plusieurs des auditeurs, Des Ronais, Dupuis, Madame de Londé, ont connu la jeune femme, si bien que Des Ronais pourra témoigner de l'exactitude du portrait physique de l'héroïne en affirmant, avec une naïveté quasi comique : « Voilà le portrait de Silvie ». L'habileté du romancier est d'avoir donné au portrait une fonction justificative. Pour Monsieur de Jussy déjà, la peinture des séductions de Babet servait à justifier l'entraînement amoureux : « Vous voyez par son portrait que je suis excusable de l'avoir aimée, jusques au point de tout hasarder pour elle » (p. 187). De manière analogue, mais avec une gravité accrue, Des Frans peint Silvie pour justifier son amour, et il prend les auditeurs à témoin de la légitimité de la passion ardente que les belles qualités et la beauté de Silvie ont allumée en lui : « (...) il est de mon honneur de vous en faire le portrait ; afin que vous jugiez vous-mêmes que si je pouvais être excusé, je le serais, puisque je ne suis tombé dans mes égarements que pour la plus belle et la plus spirituelle personne qu'on puisse voir » (p. 310). Mais à l'exactitude du portrait physique, confirmée par Des Ronais, s'oppose une condamnation morale qui donne au portrait une fonction nouvelle, puisqu'il cesse ici d'éclairer la vérité du personnage dépeint pour livrer un point de vue dont on pressent, depuis le départ du roman, qu'il est erroné.

Challe, non sans quelques difficultés, s'est donc attaché à intégrer ses portraits à la fiction, tout en donnant à la présentation de ses héroïnes un éclat singulier. Le portrait littéraire en effet attire l'attention. Cette forme brillante et codifiée s'inscrit dans une longue tradition qui en a réglé la démarche (portrait physique, portrait intellectuel, portrait moral) et qui a aussi fixé les canons de la beauté féminine : blancheur du teint, vivacité du regard, petitesse de la bouche, rondeur de la gorge, noblesse de la taille. Madeleine de Scudéry, au XVIIe siècle, avait fait du portrait un des ornements du roman héroïque et galant ; le succès du *Grand Cyrus* et de *Clélie* contribua à lancer la mode du portrait, qui fut un jeu littéraire apprécié des cercles mondains dans le courant des années cinquante, notamment dans l'entourage de Mademoiselle de Montpensier.

En se détachant des grandes fictions héroïques, la nouvelle, après 1660, s'éloigne du portrait en forme, trop marqué par la tradition romanesque. La caractérisation physique des personnages tend à se réduire à quelques signes, qui suffisent à suggérer un idéal de beauté[3]. Chez Madame de Lafayette par exemple, la séduction de Mademoiselle de Chartres à son arrivée à la cour est exprimée en quelques mots : « La blancheur de son teint et ses cheveux blonds lui donnaient un éclat que l'on n'a jamais vu qu'à elle ; tous ses traits étaient pleins de grâce et de charmes. » La romancière n'a pas besoin d'en dire plus : blancheur du teint, cheveux blonds, régularité des traits renvoient à un code aristocratique de la beauté parfaite qui dispense d'une peinture plus détaillée. Souvent encore, la nouvelle se borne à désigner le *topos* de la perfection. Ainsi,

---

3. Sur cette question du portrait, on se reportera avec profit à l'étude de Françoise Gevrey, *op. cit.*, chapitre II, p. 63 et suiv., et à l'ouvrage de Michèle Weil, *op. cit.*, Deuxième partie, chapitre III.

l'auteur du *Journal amoureux d'Espagne*, en 1675, réduit la présentation de son héroïne à cette brève indication : « Isabelle était une de ces beautés surprenantes en qui la nature semble épuiser ses trésors[4] ». Comprenons que ce personnage s'inscrit dans la lignée des belles héroïnes aristocratiques dont les qualités n'ont pas besoin d'être spécifiées : elles se déduisent d'un modèle idéal.

Un idéal de beauté sous-tend aussi les portraits féminins de R. Challe, à tel point que ses héroïnes présentent, on l'a souvent remarqué, de nombreux points de ressemblance. Le premier portrait, celui de Manon, que Des Ronais qualifie de « beauté achevée » (p. 25), révèle les traits distinctifs du modèle : une taille admirable, un port de princesse, une peau d'une blancheur à éblouir, des yeux pleins, bien fendus, capables d'exprimer la langueur ou la vivacité, un front large et uni, un nez bien fait, la bouche petite et vermeille, des dents semblables à l'ivoire, une gorge faite au tour, la main très belle, de même que le bras, la jambe bien faite, une démarche ferme et fière.

Beaucoup de ces traits se retrouvent chez Babet, chez Marie-Madeleine de l'Épine, chez Silvie ou chez la belle veuve : leur convergence désigne une beauté idéale, dont la perfection est soulignée par l'usage de l'éloge superlatif (blancheur à éblouir, gorge faite au tour, front ou taille admirable, la plus belle main que femme puisse avoir). Ce modèle idéal permet à Challe de faire l'économie du portrait physique d'Angélique, pour satisfaire aux exigences narratives, sans affaiblir la présentation du personnage : il suffit d'indiquer que « c'est une beauté achevée et régulière (...), un raccourci de ce que la nature peut produire de plus beau et de plus accompli » (p. 85) pour qu'Angélique prenne place dans la galerie des belles héroïnes idéales.

---

4. *Journal amoureux d'Espagne*, Paris, Claude Barbin, 1675 ; voir l'édition de Marc Chadourne (qui attribue faussement l'ouvrage à Madame de Lafayette), Paris, Pauvert, 1961, p. 46.

Ce visage idéalisé des héroïnes éclaire la première fonction des portraits féminins dans *Les Illustres Françaises*. Comme l'a bien montré Michèle Weil[5], en renouant avec la tradition du portrait romanesque développé, en recourant avec insistance aux clichés de la beauté parfaite, Challe inscrit ostensiblement la présentation de ses héroïnes dans la tradition du roman aristocratique, pour mieux faire accepter l'audace d'un roman qui porte sur le premier plan de la scène romanesque des figures féminines de condition moyenne, là où le roman, par tradition, mettait en scène des héroïnes de la plus haute qualité, des princesses.

C'est la valeur de ces nouvelles héroïnes que Challe proclame dans le titre de son roman en leur attribuant, non sans défi, la qualité d'*illustres*. Cette même valeur est réaffirmée à l'intérieur du roman par des portraits délibérément embellis, qui hissent les héroïnes sur le plan de l'idéal et leur accorde même, de manière on ne peut plus significative, une distinction supérieure : en prêtant à Manon « un port de princesse » (p. 25) et à Silvie « un air de princesse à marcher » (p. 311), en introduisant aussi dans l'aventure de Des Ronais et de Manon, héros bourgeois, un échange de portraits en miniature dont la galanterie n'a rien à envier à la tradition des romans précieux, Challe confirme sa volonté d'illustrer un nouvel ordre social et moral, celui des « honnêtes gens », où le mérite et la vertu n'ont pas moins de valeur que les privilèges attachés à la naissance.

Mais la démonstration morale s'inscrit dans un roman qui a choisi de fonder la force de ses leçons, la *Préface* le dit fort bien, sur la vérité de la fiction. Aussi importe-t-il de voir comment le romancier s'est appliqué à individualiser ses personnages pour leur donner le caractère de la vie. Un rapprochement avec la pratique du portrait peint à l'âge classique peut permettre d'éclairer la technique de Challe. Louis XIV, peu après 1660, avait commandé

---

5. Michèle Weil, *op. cit.*, Deuxième partie, chapitre III, p. 87 et suiv. (« Stratégie du portrait : un emblème de distinction »).

aux frères Beaubrun les portraits des dames de la cour pour orner les appartements royaux. On a pu voir une vingtaine des ces portraits (ils sont plus nombreux) lors de l'exposition « Au temps des Précieuses », présentée à la Bibliothèque Nationale en 1968. À première vue, ils donnent une impression de relative uniformité : même embonpoint, même blancheur du teint, bouche petite et arrondie, gorge ronde ; ce sont là les canons de la beauté aristocratique. Mais un examen plus attentif montre que les peintres ont su donner à chaque visage un caractère personnel, en jouant sur quelques détails qui suffisent à particulariser le portrait.

Challe, dans le domaine du portrait littéraire, procède d'une manière analogue. Si beaucoup de notations ont pour effet, on l'a vu, de situer le portrait dans l'ordre de la beauté idéale, il convient tout d'abord d'observer que le modèle féminin auquel se réfère R. Challe n'est plus celui de la blonde beauté aristocratique aux yeux bleus. Seule Marie-Madeleine de l'Épine se rapproche de ce type ; mais le romancier a soin de préciser que la beauté de cette blonde aux yeux bleus n'a pas cette « langueur fade, si commune à toutes les blondes » (p. 224). Pour les autres héroïnes, on constate que Manon, Babet, Silvie et la belle veuve ont les yeux noirs et le regard vif, que Babet et la veuve sont brunes, et que Silvie a de beaux cheveux châtains ; on observe encore que Babet et Silvie ont en partage un nez « un peu aquilin et serré », un visage ovale et une fossette au menton : autant d'indications qui tendent à donner à l'idéal de beauté féminine un caractère plus vif et plus piquant, ce qui s'accorde bien avec l'esprit du temps.

Par ailleurs, chaque héroïne est individualisée par un ou plusieurs traits caractéristiques. Chez Manon, l'attention se porte sur l'impression de pureté et d'innocence qui ressort de la délicatesse de la peau, semblable à celle d'un enfant, et d'une physionomie d'une douceur virginale. Angélique est caractérisée par sa petite taille, Marie-Madeleine de l'Épine par sa voix insinuante et agréable, et une sensibilité tendre qui ne l'incline pas pourtant au plaisir des sens. De Silvie, nous retenons la finesse de la taille, le sein menu mais ferme, et surtout les longs cheveux châtains annelés, « plus longs qu'elle d'un grand pied » (p. 310), qui donnent au personnage un caractère mystérieux et quasi féérique. La belle veuve enfin confirme par le feu et la vivacité de ses yeux noirs l'audacieuse franchise de ses propos sur l'amour, et la sensualité du personnage se dévoile dans la scène d'abandon (p. 529), où le tableau de la belle sur son lit de repos prend une coloration résolument érotique. Mais pour bien comprendre la valeur de ce personnage, il faut se rappeler qu'il s'est d'abord révélé à travers son discours, et que c'est bien par les qualités de son esprit qu'il séduit Dupuis, avant de le charmer par sa beauté.

En vertu de cette attention précise portée aux traits personnels, les portraits de Challe ne sont pas des ornements de convention, mais des instruments de révélation et d'individualisation des personnages. C'est vrai des figures de premier plan, et tout particulièrement du portrait de Monsieur de Contamine, qui apparait moins protégé que les héroïnes par les conventions idéalisantes. C'est peut-être plus vrai encore des personnages secondaires, qui échappent à toute idéalisation, ce qui permet au romancier de traduire librement les particularités physiques et les signes qui dévoilent un tempérament. Célénie en offre un bon exemple : si elle est « parfaitement bien faite », elle n'est plus qu'« assez belle » (p. 464), son teint « un peu brun » a perdu l'éblouissante blancheur des héroïnes idéales, et, du même coup, ses yeux « noirs et vifs » révèlent une sensualité trop peu contenue. Quant à Mademoiselle Récard (p. 494), des dents admirables ne peuvent faire oublier une peau un peu brune et rude et une bouche un peu grosse : on s'éloigne une fois encore de la beauté idéale pour découvrir dans l'éclat des yeux bruns, dans un corps maigre et un peu velu, dans une constante pâleur, les signes d'un penchant aux plaisirs de l'amour dont on vérifiera peu après les effets quand, animée par l'exemple de sa petite chienne et par les caresses de Dupuis, Mademoiselle Récard révélera par le trouble de ses regards, la

rougeur de ses joues et la petite salive blanche qui lui vient au coin
des lèvres l'ardeur de ses désirs (p. 496).

Mais si, dans les deux derniers exemples cités, nous rencontrons
des signes clairement déchiffrables, il n'est pas toujours aussi aisé
de percer la vérité d'un être, et l'on peut être trompé par les
apparences : ainsi, Des Ronais en viendra à douter de la vertu de
Manon, on ne sait trop quelle part accorder au calcul dans la
conduite d'Angélique, Des Frans méconnaîtra longtemps l'innocence de Silvie, Dupuis enfin invite à s'interroger sur la vraie
nature de Madame de Londé. L'art du romancier est de maintenir
cette marge d'indétermination, d'ambiguïté, de mystère, qui marque la connaissance d'autrui et les relations humaines. Le portrait,
dégagé de la convention du narrateur omniscient, ne livre rien
d'autre qu'un point de vue, avec ses limites et ses incertitudes.
Mais c'est précisément parce qu'il révèle un regard que le portrait
romanesque dans *Les Illustres Françaises* cesse d'être un exercice
de style et un ornement pour traduire avec intensité, dans les récits
personnels, la séduction de la beauté et l'émotion de l'amour
naissant : les plus beaux portraits du roman, celui de Manon
(p. 25), de Babet (p. 187), de Marie-Madeleine (p. 224) et de Silvie
(p. 310) sont moins des descriptions « fonctionnelles », soumises
aux exigences de l'exposition, que des poèmes de l'éblouissement
amoureux.

CHAPITRE IX

« UN STYLE PUREMENT NATUREL ET FAMILIER »

Plusieurs voix s'entrecroisent dans *Les Illustres Françaises*. Celle du romancier ne se fait pas seulement entendre dans la *Préface* ; elle est aussi présente tout au long du roman, puisque le récit-cadre est placé sous la conduite du romancier-narrateur qui assure la présentation, la mise en scène et la liaison des histoires. Mais la formule des récits encadrés conduit le narrateur à s'effacer derrière ses personnages et à leur laisser la parole : priorité est ainsi donnée à l'expression directe à travers la relation des histoires, les dialogues et les lettres.

De cette primauté du style direct, Challe a tiré des ressources expressives variées. Au contraire du récit objectif, où le romancier-narrateur se dissimule derrière la relation des faits en s'abstenant d'intervenir dans la narration (Du Plaisir avait fait de cette discrétion, qu'il appelle « désintéressement », une exigence de l'histoire[1]), la narration orale fait toujours entendre la voix d'un

---

1. Du Plaisir, *Sentiments sur les lettres et sur l'histoire*, 1683 ; éd. Philippe Hourcade, *op. cit.*, p. 56 : « Ce désintéressement si nécessaire dans l'histoire défend aux historiens de joindre même à un nom quelque terme flatteur, quoique facile à justifier. »

conteur, qui marque le récit d'une empreinte personnelle. Ce caractère subjectif du récit oral prend des formes différentes selon la situation du narrateur par rapport à l'histoire qu'il raconte. La formule de l'histoire relatée par un témoin extérieur est utilisée une seule fois dans *Les Illustres Françaises*, dans l'histoire d'Angélique rapportée par Des Ronais à Des Frans. Des Ronais connaît l'aventure de bonne source, puisqu'elle lui a été racontée par l'héroïne elle-même (p. 75). Mais le narrateur ne se borne pas à reproduire le récit qui lui a été confié, il le commente, fait part de ses doutes, signale les zones d'ombre qui subsistent dans le comportement d'Angélique et dans ses relations avec Monsieur de Contamine. On voit bien le parti que Challe a tiré de la distance qui sépare le narrateur des événements rapportés dans le récit objectif. Raconter l'histoire d'autrui, c'est porter sur cette histoire un regard extérieur, qui ne peut saisir que des apparences ; or la vie morale et affective n'est jamais transparente, et l'interprétation des conduites comporte toujours une marge d'incertitude. Aussi Des Ronais s'interroge-t-il sur la part d'habileté et de calcul qui peut se dissimuler sous un extérieur sincère (p. 85) ; il ne sait trop si l'élan qui pousse Angélique à se jeter dans les bras de Contamine en réponse à sa générosité est inspiré par la reconnaissance, l'amour, « ou par un autre mouvement dont elle ne fut pas maîtresse » (p. 106)[2] ; sur les relations intimes d'Angélique et de son amant, Des Ronais en est réduit aux conjectures, et sa croyance en l'honnêteté de ce commerce secret se déduit de l'attitude héroïque d'Angélique, qui préfère prendre le risque de sacrifier son bonheur

---

2. On peut penser, par exemple, à l'amour-propre comblé : Angélique est ambitieuse, et la générosité de son amant flatte ses aspirations. Rien de plus naturel, du reste, au regard d'un moraliste pour qui l'amour-propre est une donnée constitutive de l'être qu'il serait chimérique de prétendre détruire : « (...) il est de l'essence de tout être intelligent de s'aimer et de ne rien aimer que par rapport à soi » (*Difficultés sur la religion*, p. 201). Tournant le dos au rigorisme augustinien, Challe ne condamne pas l'amour-propre, mais invite au contraire à en tirer le meilleur parti : « Il s'agit de régler son amour-propre et de le faire taire quand le devoir l'ordonne, comme de faire un bon usage de son existence » (*ibid.*). Angélique, comme tous les héros de Challe, trouve dans l'amour-propre une source d'énergie morale.

pour se justifier aux yeux de la princesse de Cologny (p. 118), et de l'attitude de Monsieur de Contamine, qui n'aurait pas poussé l'aventure jusqu'au mariage si Angélique n'avait pas été sage (p. 109). La force de ces arguments est confirmée par le succès de l'intervention d'Angélique auprès de Madame de Cologny (pp. 126-127), et le lecteur, comme la princesse, comme Manon Dupuis ou comme Des Ronais, ne peut plus douter de la vertu de l'héroïne, en dépit d'une situation suspecte qui s'apparente extérieurement à celle d'une fille entretenue. Reste l'interrogation initiale sur les rapports ambigus du calcul et de la sincérité, du naturel et de l'adresse dans la conduite d'Angélique : sur ce point, R. Challe a laissé au lecteur la liberté d'apprécier un comportement dont le récit à la troisième personne préserve le secret.

Si la subjectivité du narrateur n'est pas absente du témoignage extérieur qu'apporte le récit à la troisième personne, elle s'épanouit dans les histoires dont le héros assure lui-même la narration. C'est la formule favorite du romancier qui a laissé à quatre de ses personnages, Des Ronais, Terny, Des Frans et Dupuis, le soin de conter leurs propres aventures. Ces témoignages personnels portent l'accent de la sincérité; la voix du héros-narrateur garantit l'authenticité d'un récit qui retrace une expérience vécue, dévoile des faits ignorés et des détails intimes, réveille enfin l'émotion des souvenirs heureux ou cruels, en mêlant à l'évocation des instants de bonheur, chez Des Frans, l'amertume de leur disparition. Mais cette vérité personnelle révèle aussi les limites du jugement individuel chaque fois que le narrateur apparaît prisonnier d'un point de vue erroné. C'est le cas, on le sait, de Des Ronais qui, abusé par une lettre équivoque, croit à l'infidélité de Manon et accuse sa maîtresse de l'avoir dupé par sa perfidie, alors qu'il n'est dupe que de sa propre méprise et d'un manque de confiance qui le prive de toute lucidité (p. 64). Des Frans a des raisons apparemment plus solides de considérer Silvie comme un monstre de fourberie. Mais, dès le départ du roman, l'innocence de Silvie a été suggérée par Dupuis, qui affirme qu'il n'y a point eu « d'injure volontaire » (au sens latin et juridique de tort, d'outrage) dans une conduite qui a obéi à « une puissance plus forte que la nature » (p. 15); et cette indication capitale est rappelée à deux reprises, au moment où Des Frans s'apprête à raconter son histoire (p. 297) et lors de la pause introduite dans le récit (p. 361). Si bien que les accusations de Des Frans contre Silvie resteront fort suspectes, jusqu'au moment où les révélations de Dupuis dans la septième histoire établiront définitivement la vérité. Simple malentendu dans le premier cas, erreur tragique dans le second, le thème des apparences trompeuses a trouvé dans le récit à la première personne son mode d'expression le plus révélateur, la vérité du narrateur n'étant rien d'autre que l'affirmation d'un point de vue subjectif et partial.

Entre le récit distancié du narrateur extérieur à l'histoire et le témoignage subjectif du héros-narrateur, une troisième formule consiste à confier le récit à un narrateur second, qui restitue fidèlement devant la compagnie la confidence que lui a faite le héros de l'aventure. C'est ainsi que Des Frans, dans la quatrième histoire, rapporte l'aventure de Monsieur de Jussy dans les termes, « ou autres équivalents », employés par son ami (p. 185) ; et Dupuis rapportera de manière analogue le drame de Des Prez, tel que ce dernier le lui a révélé.

Cette formule du narrateur dédoublé, qui fait le récit d'un récit, n'est pas de l'invention de Challe, lequel renoue en l'occurrence avec un procédé mainte fois utilisé dans les grands romans du XVIIe siècle. Charles Sorel, dans son traité *De la connaissance des bons livres* (1671), avait critiqué la confusion créée par ce dédoublement des narrateurs :

> « Quelques-uns en récitent plus que l'auteur, qui ne dit presque mot, et même pour embrouiller davantage le roman, ayant introduit un homme qui raconte quelque histoire, celui-là rapporte aussi celle qu'un autre a racontée avec ses propres termes, faisant une histoire dans une autre histoire, ou le roman d'un roman ; de sorte qu'on a

peine à se ressouvenir qui c'est qui parle, de l'auteur et du premier personnage, ou du second, et quelque attention qu'y donne le lecteur, il ne sait plus enfin où il en est.[3] »

Pour remédier à cette confusion des voix, Challe aura soin de glisser dans le cours de l'histoire racontée des tours présentatifs, des commentaires du narrateur ou de brefs échanges entre le conteur et les auditeurs, qui permettent de clarifier la situation narrative en rappelant que le narrateur second ne se confond pas avec le personnage dont il restitue la confidence. Ainsi, Jussy a chanté à Des Frans le couplet qu'il avait composé pour avouer son amour à Babet (p. 189) ; rapportant cette chanson, Des Frans retrouve les voies du récit objectif pour rappeler le texte – et seulement le texte – de l'air chanté : « En effet, il chanta ces paroles. » Ailleurs, Des Frans interrompt à deux reprises son récit pour s'adresser à Madame de Mongey, alors que celle-ci est directement concernée par l'histoire (p. 190 et p. 196), ce qui oblige le narrateur à préciser, au moment de reprendre le fil de son récit, qu'il retrouve le rôle de Jussy : « Je recommence à le faire parler » (p. 197).

En appliquant cette formule narrative plus complexe à l'histoire de Jussy comme à celle de Des Prez, Challe a préservé l'émotion de la confidence intime en créant une distance nécessaire au respect des bienséances. On conçoit mal en effet que Jussy puisse faire le récit public d'une aventure où la réputation de sa femme a été compromise : aussi le couple rejoint-il la compagnie le lendemain de la relation de Des Frans, le samedi, lors du « dîner » chez Madame de Contamine (p. 294). Il ne serait pas moins inconvenant pour Des Prez d'étaler publiquement sa douleur. Grâce à la narration dédoublée, la révélation des deux histoires peut se faire en l'absence des intéressés, ce qui permet au romancier de concilier l'émotion et la liberté de la confidence intime avec les convenances du récit public.

Ajoutons que le choix des narrateurs n'est pas indifférent. En effet, l'histoire que Des Frans interprète en se glissant dans le rôle

---

3. Charles Sorel, *De la connaissance des bons livres*, Paris, André Pralard, 1671, p. 122.

de Jussy le conduit à vivre une aventure où la constance de l'héroïne dément l'image de la femme que Des Frans a cru pouvoir déduire de la trahison apparente de Silvie ; par ailleurs, l'histoire pathétique de Des Prez est rapportée par un narrateur qui, de son propre aveu, est d'un naturel peu sensible aux pertes d'autrui (p. 286) ; et pourtant Dupuis se laisse gagner par l'émotion et, de même que Des Frans découvrait la vérité de la constance et de la confiance réciproque en interprétant l'histoire de Jussy, de même le libertin Dupuis, en répétant la confession de Des Prez, est confronté à une expérience de la passion et de la fidélité dont il a appris à reconnaître la valeur. En jouant sur le décalage et le contre-emploi, le romancier achève de renouveler la formule de la narration dédoublée, en engageant le narrateur second dans une aventure de la parole qui l'oblige à sortir de ses limites pour vivre, inconsciemment, une forme d'initiation.

Finalement, quelle que soit la formule narrative utilisée (témoignage personnel, récit objectif ou narration dédoublée), les histoires des *Illustres Françaises* invitent à saisir une vérité humaine, tout en révélant les limites et les incertitudes de cette connaissance. Challe a poussé très loin l'interrogation sur l'ambiguïté des apparences dans l'histoire de Dupuis, où le héros aime à jouer la comédie aux autres, au point d'être dupe de son propre jeu et de s'abuser lui-même sur la sincérité de ses sentiments lorsqu'il décide de renouer avec Célénie : « J'avoue que ces airs de fierté et de mépris à quoi je ne m'étais point attendu me terrassèrent ; je l'en aimai davantage, et je repris dans le moment un dessein sincère de l'épouser, et de l'enlever à Alaix » (p. 486). Mais la relation de l'aventure témoigne d'une plus forte lucidité : « Si je m'étais bien examiné, j'aurais assurément trouvé que ce n'était pas l'amour qui me faisait agir, mais un dépit et une vaine gloire qui ne me permettaient pas d'être mis patiemment en concurrence avec Alaix, et qui me persuadaient qu'il m'était honteux de lui céder » (p. 489).

À travers la relation de leurs aventures, les héros de Challe font donc l'apprentissage de la lucidité. Cette lucidité s'accroît des révélations apportées au fil des histoires, qui permettent de dissiper les apparences trompeuses et de rectifier les erreurs de jugement : ainsi Des Ronais sera détrompé par Monsieur de Terny, Dupuis révélera à Des Frans (mais aussi à Monsieur de Contamine) l'innocence de Silvie ; quant à Madame de Contamine, un peu trop prompte à condamner autrui sur les apparences, elle devra réviser son jugement sur Des Prez et sans doute aussi sur Dupuis, dont elle n'a pas perçu l'évolution, apprenant ainsi à ne pas faire trop vite le procès des gens « sur l'étiquette du sac » (p. 218), selon le bon conseil de Dupuis.

Le meilleur moyen de se défendre contre ces jugements hâtifs de l'opinion, c'est de faire prévaloir sa vérité personnelle en racontant sa propre histoire : c'est la voie que tous les héros de Challe ont suivie. Une seule héroïne a emprunté ce chemin de la confidence personnelle, Angélique, qui a révélé son histoire à Des Ronais. Mais nous ne connaissons cette histoire d'Angélique qu'à travers le récit que Des Ronais en fait à Des Frans, c'est-à-dire à travers le filtre d'un regard masculin. R. Challe, dans sa *Préface*, se proposait d'introduire un récit de Madame de Londé dans une éventuelle continuation du roman (p. 6) : le fait que ce projet n'ait pas eu de suite semblerait confirmer que le romancier a délibérément réservé aux voix masculines la responsabilité des narrations. Le droit à la parole, dans *Les Illustres Françaises*, est le privilège des hommes et signale leur pouvoir.

On se gardera d'en conclure que les héroïnes des *Illustres Françaises* sont réduites au silence. Mais si, par le dialogue et la conversation, elles peuvent exprimer un jugement personnel, c'est seulement dans le secret de l'entretien intime ou de la correspondance amoureuse qu'elles trouvent la liberté de s'épancher. À travers la longue confession de Silvie ou le discours de la veuve à sa sœur comme par le biais des lettres de Manon ou de Clémence, Challe a fait entendre, dans un univers romanesque où le point de vue des hommes est dominant, les accents personnels de quelques voix féminines.

Ce faisant, le romancier desserre les limites du récit personnel, qui enferme la narration dans un point de vue unique et partiel.

Grâce à la belle lettre de Manon citée par Des Ronais (pp. 39-40), nous percevons la vivacité, l'intelligence et la sensibilité d'une héroïne dont Des Ronais a décrit la séduction physique, mais dont l'esprit et le cœur attendaient d'être pleinement dévoilés. Comme le précise le narrateur, cette lettre complète le portrait de Manon, confirmant les belles qualités et la valeur d'un personnage dont on peut penser qu'il est d'un mérite supérieur à celui de Des Ronais. De même, si le personnage de Silvie s'entoure de mystère, il est bon que l'image qu'en donne Des Frans soit corrigée par l'impression de sincérité touchante et d'émouvante dignité qui ressort des propos de l'héroïne et de la longue lettre à Gallouin que révèle Dupuis à l'issue du récit de Des Frans (pp. 431-433).

Si Challe a fait de plusieurs de ses héroïnes des épistolières actives, seules les lettres qui répondent à une exigence narrative trouvent place dans le roman. Ainsi, la lettre de Manon citée par Des Ronais (p. 39) est l'unique exemple qui soit donné par le narrateur d'une correspondance soigneusement conservée dans un coffret. De même, nous savons que Jussy et Babet Fenouil, au cours de leur longue séparation, ont correspondu régulièrement : aucune de ces lettres n'est citée, et l'on ne connaît guère le style de Babet, sinon par le très bref billet qu'elle adresse à Jussy au début de leur aventure, afin de provoquer la rencontre décisive au cours de laquelle leur amour se déclare (p. 191). Seul Des Frans aura le privilège de lire quelques-unes des lettres dans lesquelles la maîtresse de Jussy a fait l'éloge de Mademoiselle Grandet (p. 209) : présentées explicitement comme des témoignages garantissant la vérité du propos, ces lettres sont simplement mentionnées, mais elles restent inconnues du lecteur. On ne connaîtra pas plus la correspondance amoureuse échangée par Des Frans et Silvie lors du séjour du héros à Rome : « J'avais eu plusieurs fois de ses nouvelles, et je lui avais écrit fort souvent, mais nos lettres n'étant que des assurances d'une fidélité réciproque et éternelle, vous me dispenserez de vous en rapporter aucune » (p. 376).

En revanche, Challe a inséré dans la trame du récit de Monsieur de Terny cinq lettres de Clémence qui accompagnent le développement dramatique de l'action : la première (pp. 151-153) suit la rencontre de deux jeunes gens ; la deuxième (pp. 156-157) traduit l'inquiétude et la souffrance de la séparation ; la troisième (pp. 163-164) évoque le refus du mariage forcé et la retraite de l'héroïne dans un couvent ignoré de son père ; la quatrième (pp. 166-167) fait suite à l'enlèvement manqué ; la cinquième enfin (pp. 172-174), la plus longue, la plus émouvante aussi, est un pathétique appel dicté par l'imminence de la prise de voile. Chaque temps fort de l'action trouve ainsi un écho dans une lettre de Clémence. En invitant Des Ronais à lire chacune de ces lettres, Terny ne produit pas seulement des témoignages irréfutables de la vérité de son récit ; il souligne aussi le dialogue qui s'établit entre Clémence et lui dans une histoire à deux voix où l'intérêt se porte sur chacun des protagonistes. Cet équilibre dramatique fondé sur l'alliance du récit et des lettres donne au récit à la première personne un visage neuf et en renouvelle la portée. Grâce aux lettres de Clémence, l'aventure cesse d'être perçue à travers le seul regard du héros-narrateur ; elle devient l'histoire d'un couple où le rôle dévolu à l'héroïne n'est pas moins important que celui du héros.

Ainsi, sans ignorer les contraintes que les bienséances sociales et les exigences morales font peser sur l'expression féminine, R. Challe a mêlé la voix de ses héroïnes à celle de ses héros. À tous, héros et héroïnes, le romancier a prêté une expression aisée et naturelle qui révèle la vivacité intellectuelle, l'appartenance à un groupe social cultivé et la maîtrise des différentes formes de la communication mondaine, conversation, narration, échanges épistolaires. Mais le naturel du langage traduit aussi un désir d'authenticité qui exclut les masques de la feinte politesse et les mensonges de l'affectation. Ainsi, loin des simulacres mondains, les retrouvailles de Dupuis et de Des Frans au début du roman révèlent l'authenticité d'une amitié qui s'exprime, précise le romancier, par

« un sincère et véritable épanchement de cœur » (p. 14). Les personnages de Challe ont choisi de parler vrai, quand bien même il leur faut avouer, comme Dupuis, qu'ils ont usé par le passé d'un langage trompeur, et la vigueur expressive du style familier reflète le goût de la franchise et de la simplicité. Le style enfin révèle l'individualité des personnages. À chacun, Challe s'est attaché à prêter une voix propre, un timbre personnel. Du côté des hommes, le sérieux de Des Ronais ne se confond pas avec la vivacité toute militaire de Terny, qui affronte les obstacles et brave les convenances dévotes avec intrépidité ; la retenue de Jussy fait ressortir la douleur de Des Prez, et la tension et l'amertume de Des Frans contrastent avec la désinvolture enjouée de Dupuis. L'individualisation du langage des figures de second plan n'est pas moins remarquable, et la franchise un peu rude du vieux Dupuis, l'autorité sévère de Monsieur Des Prez le père, qui parle « comme un homme qui veut être obéi » (p. 234), ou la familiarité triviale de Rouvière (pp. 331-332) confirment le soin avec lequel le romancier s'est efforcé d'accorder le langage de ses personnages à leur condition et à leur caractère. Ainsi, Des Prez emploie naturellement la langue du droit pour se défendre contre la violence qui lui est faite au moment de son arrestation : « Je voulus faire des protestations de la violence qu'on me faisait, fondé sur mon âge[4] : l'exempt ne voulut pas les recevoir » (p. 282). C'est surtout dans le langage de Jussy, qui a exercé, comme Challe, le métier d'avocat, que l'on relève les marques les plus nombreuses d'une formation juridique qui permet au personnage de mesurer avec exactitude, dans les termes mêmes du droit, les périls de l'enlève-

---

4. Comme il l'avait précisé au cours de son entretien avec Mademoiselle de l'Épine, Des Prez est majeur, ce qui lui donne, en principe, le droit de choisir celle qu'il veut épouser : « Je suis en âge de me donner à vous » (p. 238). Mais si la majorité légale, fixée à vingt-cinq ans, rend une fille maîtresse de son choix, le jeune homme ne dispose pas de la même liberté. Jusqu'à l'âge de trente ans, un fils de famille qui se marie sans le consentement de ses parents s'expose à être déshérité. Des Prez, qui connaît bien la loi, sait que seuls ses droits à la succession maternelle ne peuvent être contestés ; en revanche, le père reste maître de son bien, et la loi civile et religieuse oblige le fils à soumettre sa conduite à l'autorité paternelle.

ment (pp. 198-199) et de rendre compte avec précision des conclusions du procès (p. 203). L'adaptation du langage au personnage s'observe même dans le choix des locutions familières qui donnent aux propos la saveur de la parole vivante : Terny parle en soldat des yeux de Clémence, qui lui paraissaient « aller à la petite guerre » (p. 143), et, pour marquer sa détermination, il se déclare résolu à « pousser (sa) pointe » (p. 149) ; Des Frans affirme sa noblesse en recourant, par métaphore, au langage de la chasse pour signaler que la cour qu'il fait à Silvie ne rencontre aucun obstacle : « Rien ne me rompait les chiens, j'étais bien reçu » (p. 315) ; quant au libertin Dupuis, il manie librement la métaphore religieuse pour définir ses rapports avec Mademoiselle Récard (« (...) excepté la grosse sonnerie, j'avais eu tout le reste du service », p. 495) ou pour évoquer les temples et les abbesses de Vénus ; et le joueur se révèle dans l'expression « rendre pic et capot » appliquée à un prêtre médiocrement savant (p. 540).

À cette vivacité du style oral, le langage des héroïnes apporte une note d'élégance qui entraîne la disparition des formules trop familières, sans effacer pour autant l'effet de naturel. Une fois encore, le romancier s'est employé à donner à chacune une voix personnelle : la justesse et la franchise de Manon, le souci de la respectabilité chez Angélique, la détermination et l'ardeur de Clémence, l'autorité de Babet, la simplicité et la lucidité pathétique de Marie-Madeleine, la douceur « touchante et insinuante » de Silvie (p. 435), l'intelligence et l'indépendance d'esprit de la belle veuve ou la réserve de Madame de Londé transparaissent dans les propos qui leur sont prêtés. Mais c'est surtout dans l'intimité de la correspondance amoureuse que s'épanche la sensibilité féminine, la lettre de Manon, et plus encore les lettres de Clémence, traduisant la vivacité d'un langage du cœur dont R. Challe, comme toute sa génération, a trouvé le modèle dans les *Lettres portugaises*[5].

---

5. Cette influence des *Lettres portugaises* a été étudiée par Giorgio Mirandola, « Robert Chasles e le *Lettres portugaises* », *Studi Francesi*, 9 (1965), pp. 271-275. Pour le texte de Guilleragues, on se reportera à l'édition de Frédéric Deloffre, Gallimard, coll. Folio, 1990.

Le romancier, par le biais de Des Ronais, a défini avec précision les qualités du style de Manon : « C'est un style concis, châtié, naturel et pathétique, revêtu d'un certain caractère touchant, qui pénètre mille fois plus que la parole animée du son de la voix et des gestes du corps » (p. 38). Ce faisant, R. Challe ne met pas seulement en valeur les mérites de la lettre qu'il apporte en exemple ; il témoigne aussi d'une attention précise aux pouvoirs expressifs d'une écriture capable de traduire la vérité de l'esprit et du cœur et de donner le sentiment intense de la vie.

Cette ambition ne s'applique pas seulement aux lettres, qui ne sont qu'un aspect de ce style naturel que l'auteur des *Illustres Françaises* a choisi de donner à l'ensemble de son roman. Aux lecteurs qui risqueraient de méconnaître la valeur de ce style simple et sans apprêt dont le propre est de faire oublier les artifices de l'écriture, la *Préface* rappelle qu'il s'agit d'un choix artistique destiné à accorder la « naïveté » de la narration à la vérité des histoires. Dans son principe, cette liaison entre la vérité des aventures et la simplicité du style n'est pas neuve, et Donneau de Visé, et bien d'autres après lui, en avaient fait une loi de l'histoire véritable. L'originalité de R. Challe est d'avoir tiré toutes les conséquences de cette exigence de simplicité en choisissant d'écrire « comme (il aurait) parlé à (ses) amis dans un style purement naturel et familier » (pp. 4-5). La familiarité transforme le naturel. Au naturel élégant et châtié, conforme au goût mondain, que Du Plaisir recommandait aux auteurs de nouvelles en louant les agréments d'une « expression exacte et polie »[6], Challe substitue un naturel libéré des convenances galantes, plus proche de l'usage ordinaire de la ville, plus conforme aussi à son goût personnel pour une expression directe et sans apprêt. Au code élégant du « bien dire », l'auteur des *Illustres Françaises* préfère la vivacité, l'énergie et la franchise du « parler vrai ».

---

6. Éd. Philippe Hourcade, *op. cit.*, p. 44.

La *Préface* des *Illustres Françaises* montre que le romancier avait la plus vive conscience de l'originalité d'un style qui prenait le risque de heurter les habitudes des gens de goût. Dès 1713, tout en louant l'intérêt et la puissance d'émotion de l'ouvrage, le *Journal Littéraire* de La Haye signalait que le style de l'auteur, à trop vouloir se dégager du tour ordinaire des romans, péchait parfois « contre l'exactitude et la noble simplicité du style familier », ce qui conduisait le journaliste à reconnaître dans *Les Illustres Françaises* une œuvre d'inspiration provinciale, éloignée du bon usage et des belles manières de l'élite parisienne et de la cour[7]. La vérité, nous le savons, est différente, et Challe, dans sa réponse du 30 décembre 1713 au rédacteur du *Journal Littéraire*, montrera que cette prétendue faiblesse du style marque au contraire l'originalité d'une écriture qui s'attache à individualiser l'expression des personnages et qui, dans cette recherche de la vérité, invente un style neuf, éloigné du style « enflé », et « ampoulé » des romans, dont la beauté réside dans la « naïveté », entendons le naturel[8].

Mais cette innovation continuera de soulever les plus fortes réserves au cours du XVIIIᵉ siècle. En 1763, l'auteur de la *Correspondance littéraire*, Grimm, reste persuadé que ce livre « plein d'intérêt, de naïveté et de vérité » est « un livre mal écrit »[9]. De même, le rédacteur de la *Bibliothèque Universelle des Romans*, en 1776, considère que toutes les histoires des *Illustres Françaises* « sont écrites d'un mauvais style et d'un mauvais ton », même si plusieurs d'entre elles se recommandent « par un intérêt véritable et sensible, par la naïveté et la vérité des portraits, et par la singularité des situations (...) »[10].

Vers la fin du XVIIIᵉ siècle, la marquise d'Argenson jugeait à son tour avec sévérité le style des *Illustres Françaises*, dans une note

---

7. Texte donné en appendice dans l'édition de F. Deloffre et J. Cormier, pp. 591-594.
8. Sur la correspondance entre Challe et le *Journal Littéraire*, voir les extraits donnés par F. Deloffre en appendice à la première édition critique des *Illustres Françaises*, « Belles Lettres », 1959, t. II, pp. 557-587.
9. « Les Illustres Françaises », éd. de 1991, appendice I, p. 598.
10. *Ibid.*, p. 599.

manuscrite qui a été conservée avec son exemplaire personnel de l'ouvrage : « Il y a dans la plupart des histoires de l'intérêt, mais (...) cet ouvrage est si mal écrit, si bourgeoisement, d'un ton si abominable, que je ne suis pas étonnée qu'on n'ait pas le courage d'aller jusqu'au bout »[11].

On comprend que les éditeurs du XVIIIe siècle aient jugé nécessaire de retoucher le style de Challe, notamment dans l'édition Marc-Michel Rey de 1748, sans parvenir pour autant à désarmer la sévérité des gens de goût.

La réaction de la marquise d'Argenson, qui lisait *Les Illustres Françaises* dans l'édition de 1748, est particulièrement éclairante. Ce que la critique mondaine reproche avant tout à R. Challe, c'est d'ignorer les bienséances et les élégances du style galant, d'écrire *bourgeoisement.* Or cette rupture avec les valeurs esthétiques de la belle société avait été précédée, un demi-siècle avant la publication des *Illustres Françaises*, par une première forme de rupture avec la tradition du romanesque aristocratique, qui avait déconcerté le public. Furetière, en effet, dans son *Roman bourgeois* (1666), avait vigoureusement contesté les conventions idéalisantes du roman en prenant pour héros de médiocres bourgeois de la place Maubert. Mais ce réalisme de dérision restait au fond fidèle à l'esprit parodique et burlesque du roman comique et satirique : si le refus des usages romanesques conduit à peindre une nouvelle réalité sociale, le monde bourgeois, chez Furetière, ne se caractérise que par des ridicules.

La nouveauté des *Illustres Françaises*, en 1713, est de donner à la bourgeoisie aisée qui s'est intégrée à la société des honnêtes gens une valeur propre, en lui conférant une authentique dignité romanesque. Ce renversement radical de la perspective, affirmé avec éclat par le titre du roman, n'a pas été aisément admis, et le rédacteur de la *Bibliothèque Universelle des Romans*, en 1776, comprenait mal comment le romancier avait pu intituler *Illustres*

---

11. *Ibid.*, p. 600.

Françaises « un livre dont presque tous les héros sont bourgeois, et dont les aventures n'ont rien de noble ni d'héroïque »[12]. On a eu plus de mal encore à admettre que le romancier ait prêté à ses personnages un langage propre, riche de tournures familières, ouvert aux réalités que les bienséances romanesques rejetaient. Avec *Les Illustres Françaises*, la nourriture, les appétits corporels, les maladies, les objets et les vêtements quotidiens, les considérations matérielles et les questions juridiques font irruption dans l'univers du roman, roman où les personnages ont un corps, les choses un prix, la société ses règles et ses lois. Par là s'éclaire la grande nouveauté d'une œuvre où, mieux que dans *Le Roman bourgeois* de Furetière, le genre romanesque se libère des conventions et des préjugés aristocratiques qui reléguaient la société bourgeoise – ses mœurs, ses valeurs, son langage – dans le registre du ridicule.

Dans *Les Illustres Françaises*, le monde des honnêtes gens, qui réunit la bourgeoisie aisée, la noblesse de robe et la petite noblesse d'épée dans une société solidaire, affirme son identité et sa volonté de faire reconnaître, sur la scène littéraire comme dans le monde, son véritable mérite et ses ambitions légitimes. Par cette révolution romanesque, l'écrivain R. Challe s'est fait l'interprète d'un groupe social conscient de sa valeur. À défaut d'avoir pu partager la réussite de ses héros, le romancier a su traduire avec force leur vérité dans une œuvre où le naturel de l'écriture révèle un nouveau regard sur le monde et une manière neuve de s'interroger sur le « commerce de la vie ».

---

12. *Ibid.*, p. 599.

CONCLUSION

UN OBSERVATOIRE DE LA VIE

Pour tous les personnages qui se regroupent dans le récit d'encadrement, la narration des différentes histoires révèle des expériences significatives où chacun est invité à reconnaître, comme l'écrit l'auteur dans la *Préface*, « une bonne partie des rencontres (= situations, conjonctures) qui se trouvent ordinairement dans le monde » (p. 3). Si les sept nouvelles des *Illustres Françaises* forment bien, selon l'expression de René Démoris, « les mémoires d'un groupe[1] », elles constituent aussi, pour les auditeurs fictifs du roman comme pour les lecteurs, un observatoire de la vie.

Dans le miroir des nouvelles se découvrent la diversité et la complexité du réel : diversité des tempéraments, des situations, des destinées. Chaque existence suit sa courbe propre. Mais ces différentes expériences laissent aussi entrevoir des traits communs ou convergents. D'une histoire à l'autre, l'amour et la quête du bonheur confrontent des personnages jeunes aux contraintes d'un ordre social et moral dont les obligations ne se laissent jamais éluder. Même les libertins qui, comme Dupuis et Gallouin, ne reconnaissent d'autre loi que celle du plaisir doivent compter avec

---

1. René Démoris, *op. cit.*, p. 311.

la justice, l'autorité familiale, l'opinion et le sentiment de leur propre dignité. C'est ainsi que Dupuis, qui s'est abandonné à une débauche effrénée après la mort de son père, comprend assez vite qu'il lui faut rompre avec une vie dégradante qui le conduit à sa perte ; sans renoncer à la quête du plaisir, il en bannit « l'éclat et l'excès » et retrouve des fréquentations plus honnêtes (pp. 456-457) ; les débauches de Gallouin et de Dupuis seront désormais secrètes, et les deux jeunes gens s'appliqueront, dans le monde, à couvrir leur inconduite du masque de l'honnêteté (p. 537), allant même jusqu'à jouer les tartuffes avec une habileté consommée (p. 540). L'ordre social impose aussi ses exigences à la belle veuve, dont la philosophie libérée sape les fondements de la morale établie sans aller jusqu'à contester l'autorité de la coutume : si la vérité du désir dévoile la fonction sociale du mariage et des obligations de fidélité et de vertu qui s'imposent à la femme, la raison commande de se soumettre aux convenances qui fondent l'ordre de la société sur une discipline de l'instinct. Aussi la lucidité de la veuve conduit-elle, par des voies qui s'écartent délibérément de l'orthodoxie religieuse, vers une sagesse éloignée du libertinage : « (...) c'est en cela que je fais consister la véritable vertu d'une femme, qui est de vaincre les passions où son penchant la porte » (p. 513). Il n'est donc pas assuré que le comportement de la veuve « reste en retrait sur sa philosophie », comme l'affirme Michèle Weil[2] ; sa liaison secrète avec Dupuis, sa fidélité amoureuse et son refus du mariage témoigneraient plutôt de l'authenticité d'une conduite morale qui met à profit l'indépendance du veuvage pour réaliser, à l'abri des regards indiscrets, l'union harmonieuse du plaisir, de la liberté, de la sagesse et de l'honorabilité.

Ni le libertinage de mœurs de Dupuis et de Gallouin ni le libertinage philosophique de la belle veuve ne conduit par conséquent à braver les exigences de l'ordre social. Il invite en revanche à porter un regard plus lucide sur les aspirations naturelles de l'être

---

2. Michèle Weil, *op. cit.*, p. 237.

et les impératifs d'une société où la loi, les convenances et l'opinion ne cessent d'exercer leurs contraintes.

Contrairement aux *Mémoires*, où la réflexion critique de Challe ne ménage guère le pouvoir politique, aussi bien l'action des ministres que les initiatives de Madame de Maintenon ou les faiblesses du roi, le roman s'abstient d'évoquer la cour. La critique des institutions est également très mesurée. Ainsi, dans ses remontrances à Monsieur de Beauval, Dupuis se garde bien d'accuser l'insuffisance des lois dont il se borne à remarquer (comme Challe le fait du reste dans ses *Mémoires*) qu'elles sont « humaines », c'est-à-dire susceptibles d'être détournées de leur vrai sens pour servir à couvrir des abus. Après la mort de la fille aînée de Monsieur de Bernay, Madame d'Ornex, le démêlé entre le père et le gendre à propos de l'argent de la dot montre qu'on peut conduire devant les tribunaux des procès douteux : mais cette mascarade ridicule compromet seulement les plaignants, et l'affaire s'achève, à l'honneur de la justice, par un accommodement (p. 159). Et même si, en acceptant de se dessaisir de l'instruction du procès de la mère de Mademoiselle de l'Épine, Monsieur Des Prez permet à son fils d'exercer sa vengeance en différant la conclusion de cette affaire, ce retard ne portera pas atteinte aux droits des enfants et tend seulement à punir une mère indigne (p. 288). Challe, on le voit, respecte la justice et ses représentants.

L'Église, en revanche n'est pas à l'abri des critiques. L'histoire de Clémence de Bernay montre comment l'avidité des couvents s'accorde avec l'intérêt des familles pour obliger les cadettes à s'ensevelir sans vocation dans un lieu où devrait régner la sainteté et où Clémence ne découvre « que de l'ambition, de l'avarice (= cupidité) et de l'envie » (p. 174). Le père de Des Prez, comme Challe lui-même, est violemment hostile aux moines, et notamment aux religieux mendiants, qui exploitent selon lui « la sotte dévotion des chrétiens » pour vivre dans une grasse oisiveté (pp. 258-259). Enfin, si Des Prez et Des Frans rencontrent sur leur chemin des prêtres honnêtes et charitables, Challe n'omet pas de signaler que le directeur de conscience de Madame Gallouin mère a plus de prétention que de savoir (p. 540), et que le religieux dont Dupuis et Gallouin obtiennent la caution « aurait été un des plus saints prêtres de Paris, s'il n'avait pas été si délicat sur la bouche, si fleuri dans ses habits, et si curieux dans ses meubles, et si attaché à l'argent, tous vices attachés à la profession (...) » (*ibid.*).

Mais c'est aux financiers que Challe a réservé les coups les plus rudes en rappelant, dans l'histoire de Des Ronais, que les banquiers « font souvent belle figure aux dépens d'autrui » (p. 49), en signalant aussi, au début de l'histoire de Monsieur de Contamine, que la fortune du père du héros a été acquise par des voies honorables et non pas dans les partis (p. 81), en prêtant enfin à Des Frans un mépris violent à l'endroit de ses oncles dont les richesses, gagnées dans l'affermage des impôts et les trafics d'argent, apparaissent liées à la fraude et à l'injustice. Pour Challe comme pour beaucoup de ses contemporains, l'argent des partisans, s'il leur apporte « toute sorte de crédit et de pouvoir dans le monde » (p. 299), est foncièrement impur.

La satire révèle donc un attachement solide aux valeurs traditionnelles d'ordre, de justice, d'honnêteté, fondements de la stabilité sociale. Si, dans l'histoire de Monsieur de Terny et de Clémence de Bernay, un fils est conduit à défendre ses droits « presque le pistolet à la main » (p. 146), si une fille tient tête jusqu'à l'insolence à ses parents (p. 147), si deux amants en sont réduits à s'épouser sans le consentement du père de la jeune fille, c'est qu'ils se heurtent à l'abus d'autorité d'un homme « qui ne suit que son caprice, sans s'embarrasser de l'inclination de ses enfants » (p. 146) : la sœur aînée de Clémence, Madame d'Ornex, mariée contre son gré à un brutal, sera victime de l'égoïsme tyrannique d'un père odieux et en mourra. La révolte de Clémence et de Terny trouve dans cette inhumanité de Monsieur de Bernay sa justification. Mais elle s'entoure de toutes les précautions visant à mettre la légalité du côté des amants : ainsi, avant de tenter d'enlever Clémence, Terny a soin de faire demander la jeune fille en mariage après avoir obtenu le consentement de ses propres parents (p. 160) ; quand son rival le provoque, il s'applique à bien faire reconnaître la responsabilité de l'agression, afin de se mettre à couvert des rigueurs de la loi (p. 168) ; enfin, en donnant à son engagement public avec Clémence un maximum d'éclat, Terny prévient les poursuites judiciaires que ne manquerait pas d'entraîner un enlèvement suivi d'un mariage clandestin, et la consommation hâtive de cette union (p. 180) traduit moins la fougue du désir que la volonté avouée de renforcer la validité du mariage. Loin d'être une apologie de l'insoumission, l'histoire de Monsieur de Terny et de Clémence oppose à l'injustice créée par une autorité abusive le rétablissement d'un ordre tendant à réconcilier la légitimité des aspirations au bonheur avec la légalité[3].

Les amants qui, comme Babet et Jussy ou Des Prez et Mademoiselle de l'Épine, tentent de se soustraire à la loi subissent le châtiment de cette transgression. Des Frans lui-même, bien qu'il révèle son mariage à sa mère, verra son bonheur détruit. À l'exception de la liaison secrète de Dupuis et de la veuve, le plaisir des unions clandestines apparaît fragile. Même si le bonheur de Dupuis est de plus longue durée, vient un moment où le héros ne se satisfait plus du secret et souhaite épouser sa maîtresse, révélant par là qu'il n'est pas de bonheur vrai en marge de la vie sociale. L'expérience de Dupuis permet d'inscrire dans une réflexion de plus large portée la leçon apparemment conformiste que Madame de Contamine dégageait de l'histoire dramatique de Des Prez : si les « mariages faits à l'insu ou malgré les parents ne sont jamais heureux » (p. 289), ce n'est pas seulement parce que la loi, garante de l'ordre familial et social, doit être respectée ; l'insatisfaction du libertin Dupuis montre que le mariage officiel répond aussi à un besoin d'intégration de l'individu dans la société. Faute de reconnaître la

---

3. Sur les rapports de l'histoire de Terny et de Clémence avec la loi, voir l'article de Christian Biet et de Jean Bart, « *Les Illustres Françaises*, roman moderne. Exemple d'un romanesque juridique », XVIIe siècle, juillet-septembre 1992, n° 176, pp. 387-405.

valeur de cette exigence, la veuve disparaît de l'univers du roman, remplacée par celle qui achèvera de faire de Dupuis un honnête homme, c'est-à-dire un être épanoui dans une société dont il respecte les règles et les valeurs. Le mariage de Dupuis avec Madame de Londé comme celui de Jussy avec Babet Fenouil situe avec la plus grande netteté le bonheur dans le cadre d'une union conjugale conforme à la légalité et approuvée par l'opinion.

À travers la diversité des histoires, le lecteur des *Illustres Françaises* est donc conduit à découvrir les conditions complexes du bonheur. S'il n'est pas de bonheur plein et durable en dehors du mariage officiel, bien des couples désunis montrent que le bonheur conjugal ne peut se construire que sur un engagement librement consenti, fortifié par l'estime, la confiance et l'amour. Aux malheurs qui procèdent du mariage forcé, dont Madame d'Ornex et Madame de Mongey apportent la triste illustration, s'oppose le bonheur des couples heureux, Angélique et Monsieur de Contamine, Jussy et Babet, Terny et Clémence. Terny, par exemple, n'hésite pas, au terme de son histoire, à avouer publiquement sa félicité d'époux comblé : « (...) je vous avouerai sincèrement que je ne crois pas qu'il y ait un homme au monde plus heureux que moi dans son mariage » (p. 181). Ces trois mariages heureux donnent à penser que les trois alliances évoquées à la fin du roman ne seront pas moins réussies. Pour Challe, le bonheur existe et peut s'épanouir dans le mariage quand l'heureux équilibre des sentiments et des conditions permet au couple de vivre dans l'harmonie, au sein d'une société distinguée et cordiale, en accord avec les valeurs qui unifient le monde des « honnêtes gens » : honneur, vertu, respectabilité, franchise, sociabilité et amitié. Le climat de joie qui règne dans la société formée par le regroupement des héros dans l'histoire-cadre traduit bien cette fusion heureuse du bonheur individuel et du bonheur social dans un monde où l'on veut croire que la vertu (au double sens d'énergie morale et d'honnêteté) peut triompher des obstacles.

Ce bonheur toutefois n'exclut pas l'inquiétude. Deux aventures tragiques, celle de Mademoiselle de l'Épine et celle de Silvie, montrent que les qualités individuelles ne suffisent pas toujours à conjurer les périls de l'existence. Le malheur et la souffrance ont aussi leur place dans l'univers des *Illustres Françaises*, qu'ils résultent de la dureté et de l'égoïsme des parents, de l'entraînement des passions ou de forces plus secrètes qui échappent à la raison. On peut penser que la fatalité de la passion, que Mademoiselle de l'Épine et Des Frans baptisent du nom d'*étoile*, ne désigne rien d'autre que l'impuissance de l'être à maîtriser la violence de l'inclination. Mais cette impuissance est elle-même révélatrice des profondeurs troubles de l'être : ainsi, les auditeurs de Des Frans ont des raisons d'être surpris par la barbarie d'une vengeance qui associe de manière inquiétante le plaisir à la cruauté ; quant au sentiment mystérieux qu'ont Des Frans, Marie-Madeleine et Des Prez de marcher à leur perte sans pouvoir échapper au désastre qui les guette, il laisse entrevoir une sorte de fascination obscure de l'échec, si bien que la formule héroïque que le romancier a prêtée à Mademoiselle de l'Épine, « je le ferais encore si j'avais à le faire » (p. 269)[4], que Des Prez reprend en écho dans son discours à la mère de sa maîtresse (p. 274), marque moins la fermeté d'âme des héros cornéliens qu'une insondable vocation au malheur. Aux mystères de l'être s'ajoutent les mystères du monde : la faute de Silvie révèle la puissance de la magie, la mort de Gallouin vérifie l'exactitude d'un horoscope, et même si Challe ne prend pas à son compte la crainte superstitieuse évoquée dans la première histoire selon laquelle l'alliance spirituelle de deux personnes ayant tenu un enfant sur les fonts baptismaux interdirait une union heureuse[5],

---

4. On aura reconnu un vers fameux du Cid (III, 4, v. 878), repris par Corneille dans *Polyeucte* (V, 3, v. 1671) : « Je le ferais encor, si j'avais à le faire ».
5. Dans sa lettre du 30 décembre 1713 au *Journal Littéraire*, Challe signale que le trait de superstition qu'il prête à un religieux dans son roman reflète la « crasse ignorance » et le ridicule de bien des gens d'Église, « et surtout des moines » (*Les Illustres Françaises*, éd. de 1959, t. II, p. 578).

le lecteur garde la liberté de penser que le malheur de Des Frans et de Silvie confirme cette menace.

Ainsi, dans un univers romanesque tendu vers la conquête du bonheur, des failles se révèlent, par où s'insinuent le doute et l'inquiétude. En dévoilant la violence des passions, les abîmes du cœur et le jeu des puissance secrètes qui échappent à la compréhension rationnelle, le romancier invite à s'interroger sur les limites du jugement et de la libre volonté. En outre, la sincérité du langage et de l'émotion est mise en question par l'hypocrisie consommée avec laquelle Dupuis, dans la septième histoire, prend le visage de l'homme d'honneur, de l'amant passionné ou, de concert avec Gallouin, le masque du dévot, trompant successivement dans chacun de ces rôles la belle veuve, Madame de Londé et la mère de Gallouin. Encore faut-il rappeler que Des Frans lui-même, pour mieux dissimuler son mariage avec Silvie, a feint lui aussi de s'attacher à Mademoiselle Grandet, au point de s'en faire aimer (p. 405). La comédie des apparences n'est donc pas l'apanage du libertin, et l'on découvre avec inquiétude que le mensonge et la feinte font planer sur l'univers des « honnêtes gens » la menace de l'illusion. L'originalité de R. Challe est d'avoir prolongé cette réflexion sur la comédie des apparences en montrant qu'il n'est pas de jeu innocent et que le comédien, sans le savoir, peut être conduit par le mensonge sur les voies de la vérité : la conversation de Gallouin, la passion de Dupuis pour Madame de Londé et l'union de Des Frans avec Madame de Mongey révèlent un ordre secret des destinées qui donne à la comédie humaine un caractère énigmatique.

Le doute n'atteint pas seulement ces deux notions fondamentales de l'univers moral des *Illustres Françaises* que sont la liberté et la sincérité ; il gagne aussi la croyance au bonheur, en livrant quelques aperçus inquiétants sur les suites du mariage. À défaut d'être neuve, l'idée que le désir s'éteint dans la possession réapparaît avec une fréquence alarmante dans un roman qui prétend fonder solidement le bonheur sur le mariage d'amour. Passe encore que la femme d'intrigue dont Des Prez achète les services ne se fasse guère d'illusion sur la stabilité des entraînements amoureux : « ces sortes de mariages là par amourette n'ont qu'un temps, et je ne vous donne pas deux mois pour être dégoûté ; ou Dieu vous a pétri d'une autre pâte que les autres » (p. 245) ; le roman apporte suffisamment d'exemples de constance, à commencer par celui de Des Prez, pour que le lecteur porte sur l'amour un regard plus confiant. Et pourtant, cette confiance n'est pas à l'abri du soupçon.

Les hommes, aussi bien le vieux Dupuis que Des Ronais, Jussy ou Des Frans, accusent volontiers les femmes de légèreté, et si la vertu d'héroïnes comme Angélique, Babet ou Madame de Londé suscite l'admiration, elle ne parvient pas à détruire un préjugé misogyne tenace qui tend à faire d'une femme authentiquement vertueuse une figure d'exception. Quant aux femmes, elles savent, comme Mademoiselle de l'Épine et la veuve, que la fidélité masculine ne résiste guère à la satisfaction. On attendrait des héros du roman qu'ils démentent cette défiance. Or les nouveaux époux que sont Terny, Jussy ou Contamine aiment à jouer les désenchantés. Certes, c'est seulement par boutade que Monsieur de Terny affirme que sa jeune femme, après deux mois de vie conjugale, a perdu pour lui cette beauté éclatante qui l'avait charmé lors de leur première rencontre (p. 143) ; mais sous le couvert de la plaisanterie rôde l'obscure menace d'un affaiblissement du désir modifiant le regard amoureux. C'est au tour de Monsieur de Contamine, qui rejoint la compagnie à l'issue de l'histoire de Des Prez (p. 289), d'affirmer que les illusions de l'amour ne survivent pas au mariage[6] : « C'est une étrange chose que le mariage, il change terriblement les objets, tout y perd les trois quarts de son prix. » Deux années de vie conjugale pourraient donner quelque consistance à l'idée que la plaisanterie, qui fait écho à celle de Monsieur de

---

6. Sur ce thème des désillusions du mariage, Dufresny a écrit un joli conte, dont Challe se borne à résumer la leçon. Voir les *Amusements sérieux et comiques*, Amusement septième, in *Moralistes du XVIᵉ siècle*, Robert Laffont, coll. Bouquins, 1992, pp. 1016-1018.

Terny, est l'aveu indirect d'une secrète désillusion. On est d'autant plus porté à le penser que la rencontre du lendemain, chez Madame de Contamine, relance le thème des déceptions du mariage. En présentant la femme comme « un mal nécessaire » (p. 294), Monsieur de Jussy ne vise qu'à animer par un trait piquant une conversation enjouée. C'est alors que Monsieur de Contamine, de manière inattendue et déconcertante, répond par le sérieux à l'enjouement et dévoile la part de lassitude que comporte le bonheur le plus uni. On savait, depuis La Fontaine[7], que la tendresse pouvait engendrer l'ennui : au risque de gâter la joie de la réunion et sans craindre de blesser sa femme, dont les yeux s'emplissent de larmes, Monsieur de Contamine révèle l'envers inquiétant d'un bonheur conjugal insipide et pesant.

La force du roman de Challe est de ne pas conclure, sinon en opposant au désir de liberté qui hante Monsieur de Contamine la question incisive de Madame de Londé : « Aimeriez-vous le désordre ? » Au lecteur de sentir la complexité du réel et d'inventer, à l'image des personnages du roman, les réponses morales permettant d'accorder au mieux les aspirations individuelles avec les exigences du monde, en sachant qu'il subsiste toujours un écart entre le rêve et la vie. Le mariage de raison entre Des Frans et Madame de Mongey, succédant aux orages et aux souffrances de la passion, pourrait être l'emblème de cette sagesse : c'est en tout cas, un peu comme le mariage de Dominique chez Fromentin, la contestation la plus forte du romanesque. Par là s'éclaire le véritable réalisme des *Illustres Françaises*, qui consiste à révéler qu'entre l'individu et la société, la passion et la raison, la liberté et l'ordre, le bonheur ne peut se construire que sur un compromis.

---

7. La Fontaine, *Fables*, IX, 2 : « Les Deux Pigeons ».

BIBLIOGRAPHIE SÉLECTIVE

A. SUR L'HISTOIRE DE LA FICTION NARRATIVE EN PROSE AU XVIIᵉ SIÈCLE ET AU DÉBUT DU XVIIIᵉ, outre les deux chapitres de synthèse sur le roman et la nouvelle proposés dans les tomes 3 et 4 de l'*Histoire Littéraire de la France* (Éd. Sociales, 1975), on lira avec profit les ouvrages suivants :

1. Henri COULET, *Le Roman jusqu'à la Révolution*, t. I, A. Colin, coll. U, 1967 ; l'analyse des *Illustres Françaises* se situe au chapitre VI, pp. 309-315.

2. Frédéric DELOFFRE, *La nouvelle en France à l'âge classique*, Didier, coll. Orientations, 1967 ; le chapitre VI, pp. 83-89, est consacré aux *Illustres Françaises* – *Manon Lescaut*, Introduction, Classiques Garnier, Bordas, 1990, pp. LXXXI-XCIX.

3. René DEMORIS, *Le Roman à la première personne, du Classicisme aux Lumières*, A. Colin, 1975 ; voir le chapitre intitulé « Les *Illustres Françaises* ou le roman concertant », pp. 307-328.

4. René GODENNE, *Histoire de la nouvelle française aux XVIIe et XVIIIe siècles*, Droz, 1970 (rééd. 1977) – *La Nouvelle française*, P.U.F., coll. Sup, 1974.

5. Maurice LEVER, *Le Roman français au XVIIe siècle*, P.U.F., coll. Littératures modernes, 1981.

B. SUR ROBERT CHALLE ET « LES ILLUSTRES FRANÇAISES », outre les pages consacrées à Challe dans les ouvrages 1, 2 et 3, on se reportera aux travaux suivants :

6. *Autour d'un roman : « Les Illustres Françaises »*, Paris, Champion – Genève, Slatkine, 1992.

7. Frédéric DELOFFRE, *Robert Challe : un destin, une œuvre*, Paris, SEDES, 1992.

8. Françoise GEVREY, *L'Illusion et ses procédés, de « La Princesse de Clèves » aux « Illustres Françaises »*, José Corti, 1988.

9. René POMEAU, *Littérature française, L'Âge classique, III, 1680-1720*, Arthaud, 1971 ; voir le chapitre IV de la deuxième partie, « Vers un nouveau roman », pp. 119-124.

10. Jacques POPIN, *Poétique des « Illustres Françaises »*, Éditions Interuniversitaires, 1992, 2 vol.

11. Michèle WEIL, *Robert Challe romancier*, Droz, 1991.

12. N° spécial de la *Revue d'Histoire Littéraire de la France* sur Robert Challe, nov.-déc. 1979.

On se montrera attentif à la publication prochaine des actes du colloque Robert Challe qui s'est tenu à Chartres en juin 1991, ainsi qu'à la publication des actes des journées Challe organisées à l'Université Paul Valéry – Montpellier 3 (décembre 1992) et à l'Université Paris XII Val de Marne (janvier 1993).

C. SUR L'ANALYSE DU TEXTE ROMANESQUE (narration, point de vue, espace, temps, personnages), on trouvera des indications précises et utiles dans :

13. Roland BOURNEUF et Réal OUELLET, *L'Univers du roman*, P.U.F., coll. Sup, 1972.

L'intérêt de ces lectures critiques ne doit pas faire oublier l'essentiel, à savoir la lecture réfléchie du texte des *Illustres Françaises* et l'exploitation de toutes les informations apportées par l'introduction, les notes et les appendices de l'édition établie par Frédéric DELOFFRE et Jacques CORMIER, Droz, « Textes Littéraires Français », 1991.

TABLE DES MATIÈRES

Imprimé pour PARADIGME
par LETTR'IM
13, bd du Maréchal Juin
14000 CAEN
Imprimé en France – Dépôt légal janvier 1993

000057

3 8 3 7